读好书系列

彩色插图版

青少年超级快速阅读

李源记忆心理研究室◎主编

吉林出版集团股份有限公司

图书在版编目(CIP)数据

青少年超级快速阅读 / 李源记忆心理研究室主编.
-- 影印本. -- 长春 : 吉林出版集团股份有限公司,
2012.6
(读好书系列)
ISBN 978-7-5463-9669-9

Ⅰ.①青… Ⅱ.①李… Ⅲ.①读书方法—青年读物②
读书方法—少年读物 Ⅳ.①G792-49

中国版本图书馆CIP数据核字(2012)第118351号

青少年超级快速阅读
QINGSHAONIAN CHAOJI KUAISU YUEDU

主　　编　李源记忆心理研究室
出 版 人　吴　强
责任编辑　尤　蕾
助理编辑　杨　帆
开　　本　710mm×1000mm　1/16
字　　数　100 千字
印　　张　10
版　　次　2012 年 6 月第 1 版
印　　次　2022 年 9 月第 3 次印刷

出　　版　吉林出版集团股份有限公司
发　　行　吉林音像出版社有限责任公司
地　　址　长春市南关区福祉大路5788号
电　　话　0431-81629667
印　　刷　河北炳烁印刷有限公司

ISBN 978-7-5463-9669-9　　定价:34.50 元

前　言

学习效率的革命，是文明高速发展时代的迫切需要。

将此书称作《青少年超级快速阅读》是因为它主要面向所有想要高效学习的人。它是一本关于在知识爆炸的时，代以怎样的方式应对如潮而至的知识信息，并进行高效学习的书，这本书也是我们发起的一场提高学习效率的革命。

以下语句需要大家特别注意：

书中并非只谈论高效、快速学习的知识教育，笔者还从心理学涉及的各个层面，向大家介绍了一些处理日益增多的知识信息的方法，希望大家可以透过“学习”的表面来进行一些深层次的发散思考。

超级记忆术应时代而生：

■ 记忆的任务和方式需要改变

在科学技术飞速发展的今天，人们的学习更加科学化。在人类知识储备量成倍增加和知识陈旧率不断上升的背景下，学习的任务并是死记硬背一大堆词句，而是记住学习的要点，并在需要的时候能顺利地取出运用。人们要如何用最少的精力掌握最多的知识信息，这就要研究高效学习的方式、方法。

■ 量的积累方能产生质的飞跃

现今还有一部分人对记忆作用存在偏见，认为当今是要求培养具有创造能力的人才的时代，不应强调记忆，应该注重创造性思维的培养和发展。这种看法实际上是把记忆和思维对立起来了。要知道，如果没有记忆为思维活动提供足够的材料，思维的活动效率就会极大地降低。很难想象一个知识匮乏的人会有高效率的思维活动，或获得丰富的思维产物。反过来说，记忆效率的提高也有赖于思维活动的积极参与。

如果光记不思，必然茫无所得；如果光思不记，结果仍然是不理想的。不要把记忆等同于死记硬背，相反，科学的记忆正是要反对死记硬背。

■ 运用最科学、巧妙的学习技巧，才能将我们的才智最大限度地展示出来

■ 工作、生活的美好程度，以及理想要如何实现，是需要我们重新考虑的问题

■ 每个人都应有自己高效的学习方式，但方式的寻找也需要机遇。而当机遇摆在我们面前时，又该怎样去把握呢？

目　录

第一章　知识篇

第一节　人类快速阅读发展历程

在我国，很早就有关于快速阅读的记载。战国时期的谋士苏秦就有“走马观碑”的快速阅读本领，传说他骑马一边走一边看路边的碑文，看后即能熟背；东汉末年的谋士张松，只看一遍曹操整理注释的《孙子兵法》十三篇，便能从头到尾背下来，其阅读与记忆速度都是非常惊人的；《梁书·简文帝纪》称梁简文帝“读书十行俱下”；《北齐书·河南康舒王孝瑜传》也有对王孝瑜“读书敏速，十行俱下”的赞语；南宋诗人刘克庄在《杂记六言五首·其二》中则有“五更三点待漏，一目十行读书”的诗句。这些记载说明，快速阅读在我国由来已久。

马克思的读书速度极快。为了写《资本论》，他阅读了一千五百多本书，在《资本论》中引用了十几个学科、数百名作者的观点，留下了一百多本读书笔记。勤奋固然重要，但假如马克思没有速读能力，完成如此艰难的工作几乎是不可能的。可以说正是他异乎寻常的速读能力，使他能够从研究过的各个领域中获取众多有用的资料。马克思拥有极为丰富的哲学、政治经济学、历史、法律等知识，在文学艺术方面也有极高的修养。海涅、歌德、但丁、巴尔扎克、莎士比亚等作家的作品，他如数家珍，能够随口吟诵。他掌握了多种语言，能用流畅的英语、法语著书立说，对自然科学也有很深的造诣。他运用快速阅读的方法，在头脑里储存了取之不尽、用之不竭的信息和资料，使他的头脑成为一艘蓄势待发的战舰，随时准备开往任何一片思想的海洋。

列宁看书习惯一目十行，能够迅速抓住整段、整页内容中的思想。他在自己所写的著作中中引用的书竟有 16 000 多册。他在研究帝国主义这个专题时，读了 148 本书，49 种期刊中的 232 篇文章，写下了 60 多万字的札记。

斯大林也是一位速读能手。1938 年夏，几位苏联红军将领来到斯大林的住宅，看到办公桌上堆着一厚摞印刷厂送来的新书，大为惊愕。斯大林笑着说："无论如何，我每天一定要读完 500 页书，这是我的定额。"

19 世纪法国著名科幻作家儒勒·凡尔纳也擅长快速阅读。他研究了大量的材料，一生摘录的笔记有 25 000 多本。他为创作《从地球到月球》一书，阅读了 500 多本图书资料。他在作品中幻想的霓虹灯、电视机、潜水艇、直升机、导弹、坦克等，后来都变成了现实。他被人们誉为"能想象出半个世纪，甚至一个世纪以后才能出现的最惊人科学成就的预言家"。同样，他也是一位当之无愧的快速阅读专家。

此外，高尔基、列夫·托尔斯泰、拿破仑、肯尼迪、戴高乐、蓬皮杜、德斯坦、鲁迅、郭沫若等人，也都是快速阅读的高手。

可见，一个人要想在某个领域有所建树，要想为他人、为社会、为子孙后代留下点儿什么，没有大量的知识积累是不行的。庄子说过："且夫水之积也不厚，则其负大舟也无力……风之积也不厚，则其负大翼也无力。"小溪里的水虽然清澈，可以带走孩童的纸船，却托不起扬帆的巨轮。要想创新，必须继承，量变蓄积才会飞跃，这是不可动摇的规律。人们通过视觉获得的信息知识，占人的信息知识总量的 90％，而其中的 50％是靠阅读得来的。

有鉴于此，世界各国纷纷研究、普及快速阅读。美国是世界上研究快速阅读技巧最早的国家，20 世纪 50 年代初期，阅读专家受二战期间空军部门利用速视器训练军人识别敌机能力的启示，深入研究，提出了快速阅读的理论和研究模式。后来，美、英、法、苏等国在研究中逐渐形成了一支由语言学家、心理学家和生理学家组成的队伍，运用系统论、控制论、信息论和人类工程学相结合的理论方法，并采用各种实验方法，不断突破，使快速阅读研究呈现实验方法科学化、教学手段现代化、应用推广普及化、能力考核标准化等发展趋势。美国的伍德速读中心是全世界最早的快速阅读中心，也是美国最具有代表性的速读中心。伍德女士在犹他州立大学读书时，她的硕士论文导师李斯特很快看完了她长达 80 页的论文，并写下了很多意见。这使伍德下定决心研究快速阅读。肯尼迪在接受快速阅读训练 8 周后，每分钟可以阅读 1 200 个单词，20 分钟能看完 4 份报纸。为此，伍德女士，名声大噪。美国第 39 任总统卡特在入主白宫之前，也参加了速读训练班学习快速阅读技巧。

但是当伍德女士带着肯尼迪和议员学习快速阅读的照片来到法国时，她发现戴高乐的阅读速度比肯尼迪还快。而且那时快速阅读在法国已经十分流行，法国的快速阅读训练班比比皆是。

英国也很早就开始推广快速阅读技巧。剑桥大学出版社早在 1963 年就出版了《快速阅读法（练习用书）》供学生使用。不仅高等学校纷纷开设快速阅读课程，中学也极为重视让学生掌握快速阅读技巧。

苏联专家在 1966 年用“阅读加速器”对成年人进行快速阅读训练。在取得成效后，实验人员把精力转向大、中、小学生。1970 年，新库兹涅茨克教育学院建立了快速阅读实验室。列宁格勒（现为圣彼得堡）建立了一所快速阅读学校，编写了快速阅读的教材，组织大、中学生专门学习快速阅读技巧。苏联快速阅读法科学实验会议于 1982 年 3 月在新库兹涅茨克举行，250 位快速阅读专家出席了会议，60 多名学者做了专题研究报告，交流快速阅读的理论与实践经验。

日本、韩国等国也都进行了快速阅读的研究与推广，并且成效卓著。

在我国，快速阅读的研究工作远远落后于上述各国。吕缜毅、程汉杰等专家做了一些研究和普及工作，其他学者则仅限于翻译和介绍。我国快速阅读研究工作的现状是：人员少、范围小、规模小、程度浅，与发达国家的研究相比，仍存在一定的距离。

第二节　快速阅读在工作中的作用

现代社会经济的迅猛发展，文化的日益繁荣，开放程度的日渐增强，使人际交流越来越频繁，管理程序越来越规范化。各单位、各部门每天都要处理大量的文字资料，及时阅读和处理这些文字资料是保证各项工作正常进行的基础。

有人曾对科研研究中的各项研究所用时间做过统计，结果显示，查找和阅读资料的时间占50.9％，计划和思考的时间占7.7％，实验和研究的时间占32.1％，撰写论文或实验报告的时间占9.3％。

这表明，一个科研人员在任何一项研究工作中用于阅读资料的时间，都要占完成该项目所需时间的一半以上。用在阅读上的时间如此之多，如果不改变这种状况是无法提高工作效率的。因此，学习阅读技能、改善阅读技巧就成为利用时间资源的重要途径。如果科研人员都能学会快速阅读，把阅读速度提高到原来的10倍，那么用来阅读资料的时间就可以减少到原来的1/10，节省下来的时间就可以继续用在科研工作上，科研人员就可以取得更多的成果，其经济效益和社会效益之大将是无法估量的。

因此，在美国、日本、韩国等国家和西欧地区，大企业往往不惜重金聘请专业人员对员工进行快速阅读训练，开发他们的潜在智力。例如，日本横滨的日商通产公司每天花费两个小时对职员进行快速阅读训练，每月进行一期轮训。有一位名字叫作本一美树的女士，以前操作微机总是一行一行地看屏幕，再按键；学会速读后，整个屏幕全部进入视野，手指下意识地动作，工作效率提高了好几倍。又如，日本名古屋一家律师事务所的女职员在学会速读后打字效率大大提高，差错大大减少，因此受到奖励，工资增加1万日元。

快速阅读还能提高文件检索的速度，这在档案管理、图书期刊管理和信件分拣人员的工作实践中早有充分证明。在韩国，信件分拣是快速阅读见效最快的工作，分拣人员学会速读后，工作效率马上提高。

韩国还利用速读来训练一些工作人员。例如，让受训者看一眼某个人的照片，马上命令其在车站、码头、机场等人多的场合找出这个人。或者带受训者走进饭店的大门，面对 50 人左右的人群，只让其看 5 秒钟，随即关闭帘子，然后马上问受训者：“室内有多少人?”“男人有多少？女人有多少?”“坐着的有多少人？站着的有多少人?”又或者把受训者带到车站、码头、大商场等人群混杂的场所，拿出 10 个人的照片给受训者看一下，命令其马上找出并带回他们。此后，这种训练逐渐升级到棒球场、足球场等范围更大、人员更多的场所，并根据带回目标的顺序和正确程度来排定名次，这项成绩将作为这些人员等级升迁的依据之一。

后来，韩国各军队竞相进行速读训练，把它应用到射击训练中，对提高射击训练成绩十分有效，凡是接受过速读训练的部队，射击成绩都大幅度提升。因此，年轻的士官竞相学习速读，其中能够称得上速读专家的人已有数百人。

第三节　快速高效阅读与传统阅读优劣比较

快速阅读法是以阅读学、心理学、脑科学、语言学等科学理论为研究基础，以开发人的左右脑为核心，以全面开发和调动人的身心资源为主体，使人积极而富有创造性地快速吸收和处理有用信息的一种全新的阅读方法。

快速高效阅读的核心在于突破“音”读，变“读”为“看”，突破“点”读，扩大视幅。快速阅读法通过科学有效的方法训练，开发人的视觉潜能和思维潜能，培养专注能力及思维反应能力，提高人的阅读效率和综合素质。

研究者根据快速高效阅读的基本原理，已研究出一系列提高阅读速度的方法，如无声速读法、手部引导速读法、扩大视幅速读法、闪示速读法、五步速读法、推断速读法、固定程序速读法、快速理解速读法等。人们在用一般阅读法阅读时，往往无意识地在脑中一字一句地发音，这叫音读法，音读大大降低了人们的阅读速度，应杜绝音读，采用视读的方法。

人的视觉器官具备快速阅读能力，人们在看书时眼球总是不断“眼停”“眼跳”。“眼停”的时间大约占阅读过程的 95 %。“眼停”即注视，但一般情况下，人注视一次只能看数个字，如果人每一次均能看 10 个字甚至数行字，那么其阅读速度就大大提高了。

具有较高阅读速度的人注视一次往往可看数百字，这是可以通过练习达到的。但大脑能跟上快速的视觉移动吗？每次注视收集到的大量文字信息大脑能马上理解吗？能！视读的每次注视收集到的文字信息被右脑当作图像来处理了。大脑完全能跟上视读的速度，我们要做的是尽量让每次注视收集尽可能多的信息。

（一）阅读时发声与无声的区别

阅读一般有两种形式：一种是声读；另一种则是默读。这是最普遍的阅读形式。一般人每分钟也就能读 300 字左右。快速高效阅读是指在阅读时革除“音读”现象，做到变读为看、眼脑直映，缩短信息传递的路径，把阅读过程变为“眼睛—文字—大脑”，省去了传统阅读过程“眼睛—文字—声音—大脑”的“声音”环节。

（二）识别间距大小的区别

传统阅读的弊端之一是眼睛对文字符号的感知间距较小。一般人的眼睛对文字符号的感知范围最多为 3 个字的间距，表现为“点读”，即逐字逐句、逐个标点地阅读。快速高效阅读的优点之一就是通过对人的“视觉潜能”进行开发，使人彻底告别“点”读，即实现“点”读→“段”读→“面”读的过渡。

（三）眼睛凝视文字快与慢的区别

以一个 26 字的行为例，速度较慢的阅读者每次凝视两个字并且回跳或倒退两次，他读完这行需要 13 秒半，而快速高效阅读者每次凝视七八个字，并且没有回跳和倒退，他读完这行只需 3 秒钟。快速高效阅读者在掌握了控制眼睛移动的技巧后，其阅读效率至少是较慢阅读者的两倍。

（四）视觉后退与前进的区别

对于大多数人来说，阅读时都会自觉或不自觉地养成一种不良的阅读习惯，即在阅读时常因为一个“字”或一个“词”，甚至一个“标点”没有看清楚或不理解而重复阅读或“倒读”（图 1-1），研究者将之称为“视觉后退症”。快速高效阅读研究表明，适当地提高速度会自然而然地增强理解能力。

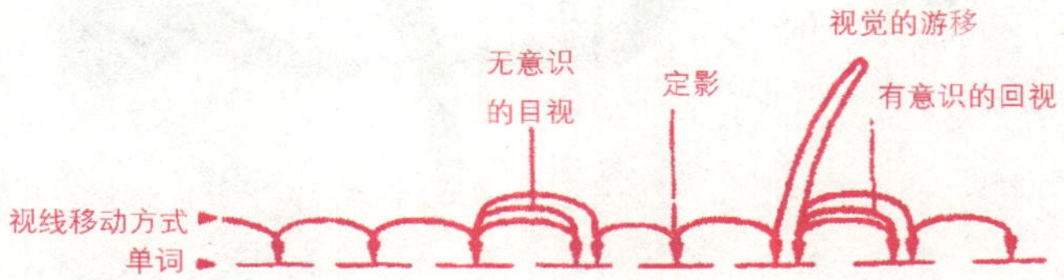

图 1-1　慢速阅读者的不良阅读习惯示意图

注：该类型读者每次只看一个单词，并伴有无意识的回视、视觉游移及有意识的回视

（五）阅读时“集中与放松”和“散漫与烦躁”的区别

阅读是一种高强度的思维活动和心理活动，只有具备最佳的身心状态，才能收到最好的效果。一般人在阅读时因为没有受过有效的训练，很难进入最佳阅读状态，常常表现为散漫与烦躁。研究者把阅读的最佳状态定义为

“集中与放松”状态。这种状态表现为阅读时注意力高度集中，而且身心放松，大脑处于一种“α”波被激活的状态，即大脑的最佳工作状态。这是大脑的高度清晰状态，是高理解力、高记忆力的状态。在此条件下阅读才能收到事半功倍的效果。

第二章 原理篇

第一节 令人惊奇的阅读器官：眼睛

让我们来深入了解一下最主要的阅读器官——眼睛，了解它的构造特征及运动规律，以便在阅读的训练中最大限度地利用它。

每只眼睛都是最令人感动和吃惊的光学仪器，它甚至使最先进的天文望远镜也相形见绌。每只眼睛有1.3亿个光感受器，每个光感受器每秒可吸收5个光子。瑞士的一家科学实验室估计，建造一台与眼睛完全一样的机器，造价将达7 000万美元，并且将有一栋房子那么大。眼睛的瞳孔会根据光的强度与物体的远近调整大小，当眼睛看到特别感兴趣的事物时，瞳孔也会自动增大，所以阅读的兴趣与动机将直接影响阅读的速度。

当由视网膜光感受器解码而得的非常复杂的图像经视神经被传送到大脑的枕叶时，阅读效果就产生了。眼睛在书页中捕获的信息会被传送到大脑的枕叶，这是快速阅读训练的理论基础。

眼睛在阅读时做规律性的“跳跃”运动。眼睛从左到右移动，做偶尔的停顿，运动规律是移动—暂停—移动—暂停。它总是在暂停期间获取信息，时间为每次0. 25秒到1. 5秒，我们完全可以通过缩短每次停顿时间的方式提高阅读速度。实践证明，阅读慢的人总是经常重复性地回跳阅读。而实际上，他们想通过回跳倒读加强理解是没有必要的，因为他们已经在阅读下一句前获取了要获取的信息。

绝对不要养成这种导致阅读速度急剧降低的错误习惯，计算一下放任这种习惯所浪费的时间，一定会让人万分震惊。数字是最具说服力的，而真正对此规律有深刻认识与体会的读者，只对这种利用眼睛的技巧稍作调整，便将阅读速度提高了300％。

第二节　视觉停留与快速阅读的关系

看书是阅读的前提和基础。但这种看绝非随便看看，而是一种凝神注视，在看的过程中眼睛对文字符号进行感知，然后再由传导神经把信息传递到大脑，由大脑皮层的神经网络对其进行复杂的分析、综合。这种凝神注视既不同于仔细观察一幅画，也不同于全神贯注地看电影、电视。因为观察图画，图画不动；看电影、电视时眼睛是被动的，只要跟着画面就可以了。而在看书时，眼睛不但要盯着字，而且要以一定的速度往前移动，只有在移动和中止的不断变换过程中，才能把文字符号转换成为“声音”“图像”“人物”“事件”“道理”。为了更高效地做好这种转换，读者既可以重复阅读，也可以暂停片刻，并且可以根据需要掌握一定的看的速度和频率，随时做出灵活的调整。因此，分析阅读过程中看的各种因素，成为提高阅读效率、改善阅读方式的重要理论课题之一。

视觉器官具备正常生理功能是阅读的前提和基础。人在阅读时，首先要用眼睛摄入文字的光学信号，进入眼睛的光线由晶状体聚焦在视网膜上。视网膜的中心位置叫作中央凹，落在中央凹的影像比落在视网膜的其他位置都更清晰。视网膜是大脑皮层的延伸，视觉信息通过视网膜以极快的速度被传递到大脑。

根据观察和眼动仪的测试，阅读时人的眼球并不是在连续不断地移动，而是做不均匀的忽动忽停的跳动，这种快速的眼球运动叫作“眼跳”。在迅速的跳动之间，存在着时间稍长的停顿，这种停顿在阅读学上称作“眼停”，也叫作“注视”。这些现象，法国眼科专家儒伐尔在1906年以前就已经注意到了。

因为纸上的文字是静止的，所以人们看书的时候眼睛必须保持相对静止。但是，看书时要连续看许多文字符号，眼睛又不能不动，这显然是矛盾的。只有按照动—静的顺序合理安排眼睛的动作，才能解决矛盾。为了看清楚一个文字符号或一个词组，眼睛必须静止，然后迅速转移，以便看清楚下一个文字符号或词组，看时又要静止，如此循环往复。因此，眼睛必须接受一定的训练，不是间断地去看，而是做动静结合的有效运动。

阅读时，读者依靠眼球跳动看书，是阅读中视觉过程的基本特征。根据眼球测动仪的测定，阅读中眼跳持续时间为 0.02 秒至 0.05 秒，其中在一行之内的眼跳时间约为 0.02 秒，这样在整个阅读过程中眼球有 95％左右的时间是不动的。也就是说，只有在两次跳动之间的注视间歇里，才能接收到信息。这一瞬间犹如照相机开启快门，注视点放在什么地方，注视时间控制在多长之内，注视焦点和范围与意识焦点和范围是否同步，是所有视觉方面阅读技巧要考虑的问题。

眼停的次数和每次注视时间，与阅读能力、读物难易程度及阅读的要求（略读、精读或浏览）有关。如果阅读能力强、读物浅显易懂或只需记取读物的内容大意，注视的次数就可以少，注视的范围就可以扩大，注视的平均时间也就可以缩短。反之，如果阅读能力差、读物内容难以理解或阅读的要求高，就必须有意识地延长注视的时间，增加注视的次数，缩小注视的范围。

有关汉字阅读的研究还表明，在阅读时每次眼停最多可见 7 个字，最少的不到一个字，因为有时一个字要经过两三次注视才能感知。而对于每篇文字的第一行，眼停次数和注视时间均较以后部分多，这是刚刚开始阅读时对文章不了解造成的。到后面，由于对读物的难易程度、作者的语体风格已经比较适应，自然可以加快阅读速度。

在阅读过程中，眼睛的注视不仅从一个定点移到另一个定点，有时因意义不明了或未看清楚，也会倒退到原定点或者前定点，以便对不同位置上的字、词进行综合的理解、记忆，或寻找遗漏的信息。这种逆向的返回运动，在阅读学上叫作“回视”或“回跳”。回视次数越多，注视次数和耗费的时间必然也越多。显然，回视的次数与读者的阅读能力、读物难易程度和阅读要求有关，不熟练的读者不仅注视次数多，每次注视所覆盖的字、词少，回视次数必然也高，约占注视次数的30％。而阅读能力强的读者不仅注视次数少，每次注视所覆盖的字词多，回视次数也只占注视次数的10％。

与回视近似的情况是扫视，又叫作“行间移动”，是眼动的特殊情况。阅读时的扫视，是指从一行文字的末端移至一行文字的开端的眼动。刚开始学习阅读的学生反复扫视的运动较多，而且容易发生串行或反复寻找的情况。初步掌握阅读技能的学生反复扫视的现象会逐渐减少，但扫视时视线从上一行文字末端跳到下一行文字的开端，跳得很近，往往需要短距离再跳一次。

美国阅读心理学家古德伊洛弗认为，在造成阅读速度慢的主要因素中，有关眼球运动的有三个：一是注视的次数过多；二是每次注视时间过长；三是回视过多。这些已经成为许多研究阅读的专家学者的共识。因此，只要在阅读过程中有意识地减少注视次数，缩短每次注视的时间，尽量避免不必要的回视，就可以使阅读速度得到提高。如果能长期坚持下去，就会形成快速阅读的能力，当然这仅仅是一个方面。

第三节　眼睛与扩大视读野

快速阅读能力还包括一个与视觉有关的重要方面，那就是尽量扩大每次注视的视知觉范围，有的阅读学专家称其为扩大视读野。这是从眼球内部来研究阅读过程的生理机制。

人的眼睛是一个生物工程的奇迹。在每一只眼球的背部，都有一块指甲盖大小的地方，包含着1.5万个独立的光感受器，这些光感受器每秒可以处理亿万个光子。英国作家兼心理学家托尼·布赞认为：“像大脑一样，眼睛的力量比我们所觉察到的要强得多。我们现在知道每只眼睛有1.5万个每秒钟能接收数亿万光子的光感受器，‘砰’的一下，我看见了一座山的景色，我能在一秒钟内把它整个摄入。摄入普通书本中一页的内容就更简单了，只是我们没有学过怎样将这些视觉技能应用于阅读。”

从生理学角度来看，人的视觉感受器官的外围感受器是眼睛。它由角膜、虹膜、晶状体、睫状体、视网膜、中央凹、视神经等组成，外表大体为球形，如图 2-1 所示。人眼的特点是神经细胞高度发达，具有较完善的光学系统及各种使眼球转动并调节光线的肌肉组织。来自外界物体的光线经过角膜及晶状体折射后，在网膜上成像，使视神经细胞受到刺激而产生视觉。当注视某一物体时，眼睛依靠外部肌肉的牵动，能自动使该物体在眼里成像。人眼的视觉对光的强度有极低的感觉阈值，也就是说它的感受性是非常高的。

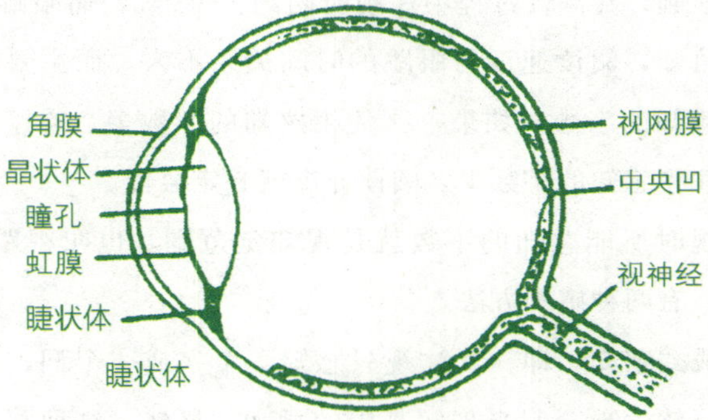

图 1-2　人眼构造简图

瓦维洛夫的实验表明，人眼能对 7～8 个光子起反应而产生视觉，只需一个光子就以使一个视觉细胞兴奋。视觉刺激的阈限对波长为 500 毫微米的光来说，约为 5×10^{-18} cal。这 5×10^{-18} cal 的光能量比较抽象，经过换算可知，1 烛光的光源在距眼 1 米的距离处，每秒发送到眼睛所在处 1 平方厘米内的可见光的能量约为 2×10^{-7} cal，要把它的能量变成 5×10^{-18} cal，必须把它放在距眼 200 千米的地方。换句话说，在假定大气不吸收光的前提下，视觉的绝对阈限相当于距眼睛 200 千米处的 1 烛光每秒投射到眼睛所在处 1 平方厘米中的可见光的量。由此可见，人眼的灵敏性之高是我们难以想象的。

我们阅读的一般读物都是白纸黑字的，看着觉得很顺眼、很舒适，从色彩光学的角度讲，黑白两色不仅属于非彩色，而且二者对比强度大，不会相互干扰。而红、橙、黄、绿、蓝、紫等颜色则对眼睛的刺激性较强，如果把这些颜色交织在一起，会给人眼花缭乱的感觉。因此，纸质越洁白光滑的读物，越会给人赏心悦目的感觉，这会在无意中提高我们的阅读效率。

我们在读书时，文字是以光波的形式反映到视觉神经上的，因此良好的视力是快速阅读的重要条件之一。大多数人的视力为1.0至1.5，患近视、远视或散光等眼疾的人也多数都能将视力矫正到这一范围，所以，绝大多数人的视觉阈限是能够满足快速阅读的要求的，只要有意识地接受正确的训练，都是可以进行快速阅读的。

前面已经谈到，在阅读过程中注视时间约占95％，而眼跳的时间仅占5％左右，由此可知，阅读速度与眼跳的时间关系不大，而主要取决于在一次注视时间内所感知的字数。如果一次注视感知的字数多，阅读速度就快；反之，如果一次注视感知的字数少，阅读速度就必定会慢。

在一次注视时所能感知的字数就是视知觉范围，也叫视距或识别间距。在阅读过程中，有两种感知方法。

一种是合成式感知，即一次注视只感知一个字或一个词，一字一顿或一词一顿地阅读，然后再合起来理解其中的意义。显然，这种感知方法有三个缺点：一是注视的次数多，花费时间长；二是字和词都不能表示完整的意义，影响理解；三是视觉接收信息的节奏过慢，信息过于零散，与大脑思维活动的节奏差距太大，影响记忆的效果。这也是现在大多数人阅读速度慢，理解和记忆效果差的主要原因之一。

另一种是整体感知，即一次注视一个短语或一个句子乃至数行文字，整体地理解它的意义。这种方法减少了注视的次数，加快了理解，还使视觉接收信息的节奏和大脑思维活动的节奏趋于协调，减少大脑思维活动的“空转”现象，记忆效果亦能增强。显而易见，这种整体感知的方法既可以大幅度提高阅读速度，又可以增强理解记忆效果，是真正符合人的生理特点的阅读方法。

那么，人的视知觉范围到底有多大？有多少潜力可以挖掘呢？实验结果表明，在0.1秒的时间内，成人一般能够感知6个至8个黑色圆点或4个至6

个彼此不相联系的外文字母。也就是说，一分钟可以感知约 4 200 个点。如果我们把一个点看作一个字的话，那么一分钟就可以看 4 200 个字。这是未经训练者具备的能力。

美国空军的心理学家和战术教育专家用速视仪进行的训练证明，经过训练的普通人可以在 1/500 秒的时间内辨认 4 个英文字母，1 分钟即可辨认 12 万个英文字母。据统计，英文单词的平均字母数为 6 个，也就是说，经过训练的人可以在 1 分钟内辨认 2 万个英文单词。

所以，对于快速阅读来说，扩大视知觉范围要比加快眼球运动速度更为重要，人们如果经过正确的训练同时提高这两个方面的能力，就可以得到事半功倍的效果。

视知觉范围的扩大，或者整体感知能力的提高，完全可以通过训练达到。例如，把一些短语或短句写在卡片上，在极短时间内放在眼前闪示，然后说出上面的内容。熟练后逐渐加长卡片上的短语或句子，缩短卡片闪示的时间，就可以使视知觉范围逐步扩大，瞬间感知能力渐渐提高。

第四节　阅读与注意力

注意是指心理活动对一定事物的指向性和集中性。指向性是对一定事物的选择，集中性是对事物的贯注和坚持。这种选择、贯注和坚持的积极状态，使人脑能够对现实中的一定事物有清晰的反应，而对其他事物则反应得模糊不清，甚至没有反应。侧耳倾听时不能说话，举目眺望窗外时听课活动就要停止，这就是注意的作用。

注意本身并不是一种独立的心理过程，而是各种心理过程的共同特征。每一种心理过程总是不同程度地指向和集中于一定对象。引起注意的原因有时是事物本身的特点，如强烈、新奇、对比明显、不断变化等客观因素；有时是人的主观因素，如当前的任务和态度、一般精神状态，以及个人的兴趣、需要、知识、经验和世界观等。在一定条件下，主观因素对选择对象和维持注意有决定性作用。

注意在人的实践活动中起着很重要的作用。它保证人能够对客观事物及其变化有及时的反应，使人更好地适应周围环境，更好地从事改造客观世界和主观世界的活动。

注意是一种“定向反射”和随之发生的“适应性反射”。它的生理机制主要是大脑皮层的优势兴奋中心相互诱导的作用。“定向反射”发生时，大脑皮层的一定区域就产生优势兴奋中心，并由此产生机体的各种适应性反射活动，因而大脑就能够有关的事物做清晰的反应。与此同时，皮层的其余区域由于受诱导的作用而处于一定程度的抑制状态，与这一区域相对应的事物就不能引起反应，或不能引起清晰的反应。居里夫人有惊人的记忆力，这与读书过程中的专心致志是分不开的。在她小时候，有一次她的几个姐妹恶作剧，用6把椅子在她身后搭了一个不稳定的三角塔，只要她一动，三角塔就会倾倒。直到半个小时后，她读完了预定要读的一章，这才抬起头来，椅塔轰然倒塌。这个故事说明，要想把书读透、记牢，必须高度集中并长久保持注意力。

注意力是构成一个人的个性品质和能力结构的重要因素。没有高度发展的注意力，人的心理水平就会受到直接影响，所以它是决定人心理发展水平的重要条件。想要拥有良好的注意力，不仅应具有高度的稳定性和集中性，而且应具有广阔性、分配性、转移性和紧张性等重要品质。注意力不是固定不变的，人经过环境影响和教育训练，其注意力是完全可以改变的。

和阅读关系特别密切的注意品质除视觉注意的广阔性以外，还有注意的稳定性、集中性和紧张性。把注意长时间保持在一定认识对象或所从事的活动上的能力，就是注意的稳定性。注意的稳定性不是始终指向和集中于注意对象的个别方面或局部一点，而是在注意的总任务支配下，指向和集中于注意对象的各个方面。例如，学生在课堂上注意力总是随着教师的板书、讲解、实验、布置作业等活动不断变化，这正是注意稳定性的表现。所以注意的稳定性不是心理活动的停止状态，而是在一定注意任务范围内自觉变换注意的具体对象，只有这样人的注意力才能长时间地稳定在某一对象上。

注意的集中性是指心理活动离开其他事物，深入当时所应指向的某种事物的能力，也就是专心致志的能力。它一方面是指向范围的相对缩小，另一方面是指对象的深入，使反应效果更加清晰、完整和深刻，所以注意力的集中性是准确、顺利地完成某种活动的必要前提。

注意力高度集中时的积极状态，就是注意的紧张性。这种积极状态，一方面是注意范围的收缩，另一方面是对集中对象的深入。在注意处于适度的紧张状态时，人会沉浸于注意的对象，而忘却周围的其他事物。在快速阅读过程中，保持适度的紧张是有益的，紧张过度将造成其他心理能力的损害。因此，正确的做法是在放松的状态下保持适度的紧张性，以提高阅读的效率。

注意的稳定性、集中性和紧张性是相互作用的，谁也离不开谁。注意的稳定性越强，集中性和紧张性越好，反过来也是这样。因此，在实际生活中保持注意的稳定性、集中性和紧张性，有着非常重要的意义。高度专注于当前的任务，就可以提高学习或工作的效率。

根据以上原理，阅读注意是指在阅读过程中不分心、不走神，全部精力指向和集中于读物内容的心理活动。注意和认识紧密相关，阅读注意对阅读过程中的心理活动起着组织和维持的作用，它是保证清晰的感知、深入的理解、牢固地记忆和活跃的联想必不可少的心理条件。有了它，在展卷阅读时，人就能做到全神贯注，心无旁骛。

良好的阅读注意是可以通过训练养成和增强的。据说哲学家康德每天早晨起床都全神贯注地盯着窗前的花草，以便锻炼自己的注意力；莎士比亚为了培养阅读注意力，经常捧着书到闹市的一角去读，以便锻炼自己的自制力，培养闹中求静的本领；毛泽东在青年时代为了培养和锻炼自己专心的能力，也曾故意到人声嘈杂的城门口读书。

阅读时可以通过以下几方面的努力来培养良好的注意力：第一，读物难易程度要适当。读物既要与自己原有的知识有一定联系，是自己力所能及的，又应具有一定难度，提供一定的新知识。没有前者，读者就会感到读物深奥难懂，很难集中精力；没有后者，读者就会因索然无味而不予注意。第二，明确阅读目的，培养阅读需要。把旺盛的求知欲引导到有价值的阅读上来，通过努力克服阅读中的困难，随着困难被克服，阅读的乐趣便油然而生。第三，培养阅读兴趣。阅读不仅可以在人的眼前展开一个多彩的知识天地，一个令人心驰神往的领域，而且阅读过程能使人体验到惊奇、困惑、愉悦和烦恼等情感，形成内在兴趣。第四，要循序渐进地不断提出明确的阅读任务。通过有计划的、持之以恒的严格要求和阅读训练逐步养成习惯。任务越明确，完成任务的愿望越强烈，越能养成和保持良好的注意习惯。第五，要注意劳逸结合。生活要有节律性，形成良好的动力定型，以保证正常的兴奋与抑制交替。

快速阅读是一种高强度的大脑神经生理活动过程。神经生理学将神经细胞看作单个的刺激——反应系统。如果总是用同样的频率来刺激这个反应系统，那么神经细胞的反应能力很快就会衰退。稍微改变刺激的频率，加快节奏，神经细胞的反应就会持续下去，而且频率越高，持续兴奋的时间越长。例如，在体育活动中，运动越激烈，人们的注意力就越集中。棋类运动的高手记忆力往往非常好，他们在一局紧张的比赛后能很轻松地把比赛时的每一步棋回想出来，这叫复盘。又如节奏舒缓的乐曲利于镇静和催眠，节奏高昂的乐曲利于振奋精神和提高士气，也是这个道理。

在阅读过程中也是这样，阅读连环画同样能发挥大脑左右两半球的功能，与快速阅读强调发挥大脑两半球的功能相似，但理解和记忆效果显然不如看相同内容的电影或电视，原因就是电影或电视画面高速运动和变化，迫使我们必须保持高度集中的注意力。正如居里夫人所说："当我像嗡嗡作响的陀螺一样高速旋转时，就自然排除了外界各种因素的干扰。"快速阅读使人的视觉器官和大脑高速度、高频率地活动，在这样的状态下，人的注意力必须高度集中。

我们还可以根据"注意的中枢机制是神经过程的诱导规律"来理解快速阅读可以使注意力集中的道理。注意力的这种心理现象从属于大脑皮层活动的重要规律之一——神经过程的诱导规律。人在做某一件事时，大脑皮层的某一区域就会因这件事引起的刺激而处于兴奋状态，而其他区域则处于抑制状态，这样有兴奋、有抑制，注意力就能高度集中。一个人在读书时如果注意力高度集中，书的内容就属于他的意识中心；兴奋区域高度集中，外界的其他干扰就会被排除，人就能专心致志，达到忘我状态，加深对书的理解能力和记忆力，强化阅读理解和记忆；良好的阅读理解和记忆效果，又会反过来强化阅读者的阅读兴趣。这样就形成了一个良性循环：注意力集中—阅读速度快—理解和记忆效果好—阅读速度更快—注意力更集中，如此循环往复，就加快了阅读速度，还能收到良好的阅读效果。

第五节　快速阅读与记忆

记忆是人脑对过去经历过的事物的反应，它包括识记、保持、再认和重现这四个基本过程。也就是说，人们经历过的事物都可以被识记，作为经验在头脑中保持下来，并在一定的条件下得到恢复，这就是再认或重现。

识记是识别和记忆事物和知识的过程，可以根据是否有预定的目的和任务分为有意识记和无意识记，也可以根据是否理解识记材料的内容分为机械识记和理解识记。保持是所获得的经验在人脑中保留和巩固的过程。重现和再认是对识记和保持的经验、知识进行恢复的过程。总之，识记、保持作为记忆的基本过程，是紧密联系在一起的。识记和保持是重现和再认的前提，而重现和再认是识记和保持的结果、表现。

记忆的生理机制是暂时性神经联系的形成、巩固和恢复的过程。一定的神经活动通过一定的通道进入大脑，在有关的神经元之间反复作用，形成暂时联系，再经巩固作用在大脑皮层上留下痕迹，这就是识记和保持的过程。这种痕迹在相应刺激的影响下会再度活跃起来，这就是重现和再认的过程。

记忆在人类生活中极为重要，它是人们积累经验、知识，进行高级认识活动和发展个性心理特征的必要条件。没有记忆，人的一切智能活动都无从谈起。

人类很早就对记忆的重要性有深刻的认识。早在公元前5世纪，被誉为“悲剧之父”的古希腊诗人埃斯库罗斯就曾说过：“记忆乃智慧之母。”公元前1世纪的古罗马政治家、法学家西塞罗说：“记忆是一切事物之宝，是守护者。”英国文艺复兴时期的理想主义政治家、文学家锡德尼说：“记忆是知识的唯一管库人。”法国哲学家、文学家伏尔泰也说：“人，如果没有记忆，就无法发明创造和联想。”这样的论断绝不是偶然、凭空想象得出的。它们是对人类文明发展史的总结，也是被大量实践所证实了的至理名言。

记忆力是指人脑储存和重现过去经验、知识的能力。一般来说，人们都能记忆一些有关学习和生活的知识经验，但获得良好记忆力的关键在于迅速正确地回忆，尤其是善于把学过的材料与自己的知识财富储存起来，以便在需要的时候从记忆库里检索出来。科学研究表明，健康人的记忆潜力是相当大的。不少人认为正常人的大脑储藏量是目前世界上最大的图书馆——美国国会图书馆藏书量的50倍，这个图书馆在20世纪80年代的藏书量为1 000多万册。

人的记忆力往往与记忆的条件（主观条件，包括目的、情绪、身体状况等）和记忆的方法密切相关。记忆方法主要分为形象记忆、运动记忆、情感记忆和意义记忆。与阅读过程有关的主要是形象记忆和意义记忆。

形象记忆是指以感知过的事物形象为内容的记忆。它是对感性材料，包括事物的形状、体积、质地、颜色、声音、气味等具体形象的识记、保持和回忆。它带有显著的直观性和鲜明性，其生理机制是第一信号系统暂时神经联系的建立和保持。人的记忆都是从形象记忆开始的，儿童出生六个月左右就会形成形象记忆，认识母亲和辨识人的面貌就是形象记忆的表现。人有了形象记忆，才有可能进行复杂的心理活动。因为人感知的事物只有经过形象记忆才会变成人的直接经验，即感性知识，才能使思维等高级心理活动成为可能。所以，形象记忆是由感知到思维必不可少的中间环节。

意义记忆又叫“词的抽象记忆”或“逻辑记忆”，是指以逻辑概括的逻辑思维结果为内容的记忆，也就是对事物本质的内在联系的概念、定理、公式、推理和思想问题等的记忆。这些内容都是通过严密的逻辑思维过程形成的，与词语密不可分，所以这种记忆也是按照逻辑思维的过程，以词语的形式加以识记、保持和再现的。它具有高度的概括性、理解性和逻辑性，是记忆发展的高级形式。它的生理机制是以第二信号系统的暂时神经联系痕迹为基础的，也是两种信号系统协同活动的结果。如果在识记某一概念时借助直观材料，有形象记忆的参加，效果会更好。人只有借助意义记忆，才能把思想的结果保存下来，才能通过学习获得丰富的间接经验。

在学习上，如果没有字词的记忆，就不能阅读、听讲。所以，从简单的认字计数到掌握复杂的现代科学理论及各种思想体系，都离不开意义记忆。人们在将语言作为思维的材料和物质外壳时，促进了意义记忆和抽象思维的发展，促进了左脑功能的迅速发展，而这种发展又推动人的思维从低级到高级的进步、完善，但在此过程中，人们却逐渐忽视形象记忆和形象思维的重要作用。于是，人们越来越重视利用左脑的功能来进行意义记忆和抽象思维，而右脑的形象记忆和形象思维功能渐渐遭到“冷落”。在前文中我们详细介绍了右脑的财富及形象思维的重要性，下面将进一步阐述它与快速阅读的重要关系。

其实，我们对右脑形象记忆的潜力还缺乏深刻的认识。那么，形象记忆和意义记忆之间的差别究竟有多大呢？据日本创造工学研究所所长中山正和推算，一般人记忆中的语言信息量和形象信息量的比例为1∶1 000。美国图论学者哈拉里有一句名言：“千言万语不及一张图。”二者的想法不谋而合。

为了证明形象记忆的重要地位，我们不妨做一个西维累尔摆动实验（19世纪澳大利亚化学家西维累尔发明）。

准备一根长25厘米至30厘米的线，下端拴一枚纽扣或小螺母，做成一个吊摆。在一张纸上画一个直径为10厘米的圆，通过圆心在圆内画一个“十”字，然后按下列步骤开始实验。

第一步，平稳地坐在椅子上，两肩放松，胳膊放在桌子上，心情平静，呼吸平缓，排除杂念。

第二步，用右手食指和拇指轻轻捏住细线，使下面的纽扣垂悬在圆心上方，高度为2厘米至5厘米。

第三步，眼睛紧紧盯住纽扣，头脑中浮现纽扣左右摆动的情景。如果一时想象不出纽扣摆动的形象，可以左右移动自己的视线，但不要摇头，并暗示自己“纽扣开始摆动了”。这样在不知不觉中纽扣就真的会摆动起来，这时再进一步暗示自己“纽扣摆动得越来越大了”。

第四步，如果想象纽扣停止摆动，那么纽扣就真的会慢慢停止摆动。

第五步，熟练后还可以用想象随意让纽扣做前后摆动、对角线摆动和绕圆周旋转，也可以将纽扣放入玻璃杯，通过想象使其碰杯子内壁。

为什么会产生这种有趣的现象呢？原来，这是形象记忆在暗暗地起作用。通过心理暗示，这种形象记忆同当时的身体动作（运动记忆）结合在一起。因此，在进行你回忆和想象时，身体就会自发地重现当时的表现。

据日本能力开发研究所所长保坂荣之介介绍，东洋大学的教授恩田彰曾带领学生进行过这种实验，以探寻语言信息和形象信息对实验结果的影响。他把学生分成两组，每组男女生各半，让其中一组学生只在嘴里念叨“纽扣前后摆”或“纽扣左右晃”，而不想象纽扣摆动的情景，让另一组学生默不做声地在头脑中想象纽扣摆动的情景。实验结果表明，做了想象的小组纽扣摆动开始得早，并且摆动的幅度比只在嘴里念叨的小组要大4至5倍。这个实验说明什么问题呢？保坂荣之介认为：“通过形象的浮现，大脑肯定会向我们的躯体发出变化的指令信号。实际上，这里面隐藏着记忆力、注意力的秘密……增强记忆力、注意力的动力，似乎就隐藏在控制形象记忆力中。”这个实验实际上揭示了人的记忆力的一个重大的奥秘，即形象记忆是人脑中最能在深层次起作用的，最积极的，也是最有潜力的一种记忆力。

为什么人脑中的形象信息量要远远多于语言信息量呢？为什么人的形象记忆力远远强于意义记忆力呢？我们可以从生物进化史的角度来解答这个问题。科学界普遍认为地球已存在45亿年，而地球上生物也已存在36亿年。为了便于理解，我们把36亿年压缩成一年的长度。按这样的比例压缩，每天相当于历史上的1 000万年，每小时相当于42万年，每分钟相当于7 000年。照此类推，我们可以看到从原始生物产生到人类语言能力形成的过程：如果1月1日在地球上出现原始生物，那么最早的真核细胞在9月20日出现；恐龙12月1日才出现并在同一天灭绝；12月25日出现灵长目动物；12月30日出现猿类；12月31日晚上11时，北京猿人才学会用火；而现在能看到的原始文化遗迹和文字记录则都是在最后一分钟形成的。

这样就可以试着分析上面的两个问题了。

在从猿到人几百万年的进化过程中，人类最初是没有语言的，那时思维也几乎不存在，因为语言有思维的物质外壳之称，没有语言，也就不可能有较成熟的思维。因此，那时人类的大脑左半球还没有语言记忆功能，抽象思维的功能也是十分低下的。但是，他们右脑的形象思维功能却十分发达，并始终在积极地工作，在人类生存的各个环节上都发挥着主要的、重大的作用。可以说，如果当时的人类没有非凡的、远超动物的形象思维和形象记忆的能力，那么也就不可能在严酷的生存竞争中凭借明显的智力优势成为优胜者。也许现在个别人表现出来的超凡形象思维、直觉思维和记忆能力，甚至某种令人难以置信的特异功能都与那时人类右脑功能的高度发达有着某种渊源。后来，手的使用和劳动日益复杂，使人的大脑与动物的大脑开始产生本质的区别。手的发展对脑的发展影响特别大，手所进行的复杂动作必然引起大脑两半球皮层的迅速发展。直立行走扩大了人的眼界，增加了人的感性认识材料，促进了发声器官的发展与完善，这为语言的产生提供了条件。而劳动则是人产生意识的最主要条件，它使人们彼此间的交际形式发生了根本的改变。语言活动随着人类社会的产生和发展而发展起来。这样一来，语言、抽象思维、意义记忆在人类的长期实践中相互依托，相互促进，共同得到长久的发展和进步，大脑左半球的功能在人类实践中的作用越来越突出，这种突出的作用又反过来推动人的思维的不断进步，日趋完善。所以，人类就在不知不觉逐渐忽视了形象记忆和形象思维的重要作用。

搞清上述历史原因，就不难理解为什么不被重视的右脑会有这么多潜在功能，以及记忆的形象信息比语言信息要多出许多倍的根本原因。

阅读记忆是指对读物内容和形式（语言文字）的识记、保持和再现。绝大多数形式和内容都是抽象、有逻辑的，阅读记忆生理机制由大脑左半球的言语视觉中枢和言语听觉中枢来完成。正是在阅读过程中偏重左脑，不重视右脑，才造成了一般人所共有的阅读记忆和阅读速度的能力甚差的结果。

具有颜色、声音、气味、形状、质地特征的具体物质刺激称为第一信号，在第一信号直接作用下建立的条件反射叫第一信号系统，第一信号系统是人和动物共有的。而用词语、文字及其的影响下所建立起来的条件反射，组成了人类独有的第二信号系统。第二信号系统是建立在第一信号系统的基础之上的，它是信号中的信号。人的两种信号系统是密切联系、协同发生作用的，掌握了词语、文字的人，几乎不会进行纯粹的第一信号系统和纯粹的第二信号系统活动。但是，从这一点来看，比较熟练地掌握了词语、文字的人，往往因为依赖第二信号系统而忽视第一信号系统。抽象词语、文字之所以不容易获得良好的记忆效果，就是因为它们本身不是具体的形象刺激，第一信号系统没有发挥配合并支持第二信号系统的作用。

当然，我们绝不是否定第二信号系统在阅读记忆中的作用，相反，我们对它的作用评价相当高。词语的抽象性和概括性使人类形成条件反射，人类的大脑在条件反射中能准确地进行分析、综合活动，建立和完善暂时神经联系，使人类的记忆过程更为复杂、灵活和高效。

以上，对西维累尔摆动实验和生物进化史的分析使我们对发挥右脑的形象记忆潜力有了浓厚的兴趣和极大的信心，而两个信号系统的理论则使我们认识到在阅读中既要重视右脑功能，又要重视左脑功能。我们必须全面发挥左右脑的功能，并使两个信号系统密切协调，这样一来我们的阅读记忆必然能够得到高质量、高效率的提升。

快速阅读是一种能够同时调动左右脑潜力，同时发挥两个信号系统功能的阅读法。快速阅读强调的整体感知开发了右脑的图像识别能力和形象记忆能力，当快速阅读者以一目二三行或一目十行，乃至一目一页的速度进行阅读时，读物内容是以组块或整页为单位被感知和记忆的。也就是说，一页书将像一幅画或者一个电影镜头一样被输送到大脑的记忆仓库中。大家都知道，一页有六七百字，把一页内容作为一个感知和记忆单位来处理，绝不仅仅会将阅读速度加快，更主要的是记忆内容被压缩了数百倍，记忆仓库中的内容就变得有序化，便于检索和提取。因此，凡是掌握了快速阅读技巧的人都会在读书时有一种“更清楚、更明白”的感觉，当需要回忆读过的部分内容时，他们不仅能复述或默写出来，而且还可以清楚地记得该部分内容在哪一页的哪个位置。

同时，快速阅读还使两个信号系统密切配合，协调工作。当右脑的形象记忆功能充分发挥时，第一信号系统的作用是其生理基础，但它仅在读物内容的存储方面发挥作用。而在理解和回忆时，第二信号系统的功能不可或缺，要由它来把记忆仓库中的形象记忆内容转化成语言，然后再表述出来。

正是因为在快速阅读的过程中大脑的左右两个半球和两个信号系统都充分发挥了卓越的功能，所以才能够几倍甚至几十倍地提高阅读速度，使理解、记忆的效果达到会人满意的程度。

第六节 想象与阅读

阅读的过程始终伴随着想象，想象是阅读过程中一项十分重要的活动。可以说，失去了想象也就失去了阅读。

从广义上说，所有的阅读都是一种审美活动。作者用文字表达的内容和作者心中要表达的内容不可能完全一致，总会有一定的差距。这种差距是由语言的局限性造成的。但正是这种差距或语言表达的局限性，给读者带来想象的空间。无论是对文学作品中对人物形象的理解，还是需要读者自己参与的想象活动，哪怕只是对一个简单场景的理解，也需要读者的想象活动。读着作者的文字，读者会调动自己的积累，在脑子中“复活”这些场景：人物是什么样子的、在什么位置、说什么话、做什么事、用什么样的语调、有什么样的神情、做出什么样的动作。这些不单是对作品内容的简单复原，其中包含着读者的许多创造。散文和诗歌的阅读也需要读者的想象。散文和诗歌总是用文字塑造一定的“境”来表现作者的“意”，阅读的时候，读者先把作者文字的“境”转化为自己心中形象的“境”，然后从这样的“境”中去体味作者的“意”。而这个由“境”得“意”的过程就是一个想象再造的过程。即使是阅读议论文和说明文这些文学性不强的文体，也离不开想象活动。比如阅读介绍苏州园林的说明文，无论有没有去过苏州园林，读者都能在阅读中构造自己心中的苏州园林，这样读者才能对作者介绍的内容有所理解，而想象的丰富性又决定了理解的程度。即使是一篇介绍看不见、摸不着的微观世界的说明文，读者在阅读中也仍然需要调动想象力。

既然阅读离不开想象，那么在阅读中怎样进行想象呢？这是一个比较复杂的问题，这里说的只是一些基本的特点。从想象展开的基本过程来看，我们总是在阅读中文字刺激而展开自己的想象。如果在阅读的过程中因为其他因素的引导而产生了想象，这便不能算是阅读想象。从想象的目的来看，我们都是通过想象加深对文本的理解，丰富自己文本阅读的经验的。阅读想象不是一种无意义的随意行为，而是目的性很强的重要的活动。我们展开的想象必须由阅读引起，又必须为阅读服务。想象的过程就是阅读深化的过程。从想象调动的指向看，想象首先指向直接的生活体验和生活感受，其次指向以前阅读的文本积累。想象不是凭空展开的，除了在阅读中引起想象的诱因，在展开的过程中也必须有一定的凭借。在联想和想象的关系上，笔者一直以为前者是后者的基础。所以阅读想象是凭借自己的阅读积累和生活积累展开的。从想象的类型看，既有再造想象，也有创造性想象，阅读想象是一个十分丰富的想象活动。再造想象，即把作者用文字所表现的“境”再现在自己的脑海中。这一过程也离不开创造性想象，如阅读小说，除了作者的安排，我们还会想象出其他的安排，小说已经结束了，我们还可以再继续想象下去，这些都属于创造性想象活动。

第七节 右脑与阅读

(一) 人的两脑分工

荣获 1981 年诺贝尔生理学或医学奖的美国神经心理学家斯佩里做过一个有名的实验：切断患者位于左右脑连接部的脑梁，然后挡住其左眼，在右侧放上画或图形给患者看，患者可以使用语言说明画或图形是什么。可是，如果让患者用左眼看数字、文字、实物，哪怕是很简单，患者也不能用语言描述出来。

实验证明，人的左、右脑分工非常明确。首先，左脑有理解语言的语言中枢，而右脑有与之对应的接受音乐的音乐中枢。这一点，从左、右脑的外形差别便可看出。其次，左脑与人的意识相连。如果打击左脑，人的意识会立即变得模糊。

右脑支配左手、左脚、左耳等人体的左半身神经和感觉，而左脑支配右半身的神经和感觉。正如前面的实验所表明的，右视野同左脑、左视野同右脑相连。因为语言中枢在左脑，所以左脑主要完成语言、逻辑、分析、代数的思考认识和行为，而右脑则主要负责直观、综合、几何、绘图的思考认识和行为。

(二) 右脑是创新能力的源泉

人有时在日常工作和生活中对某件困惑已久的事情突然有所感悟或者豁然开朗，其实这都是右脑在发挥作用。

人脑的大部分记忆是将情景以模糊的图像存入右脑储存的，就如同录像带的工作原理一样。信息是以图画、形象的形式，像电影胶片一样被记入右脑的。所谓思考，就是左脑一边观察右脑所描绘的图像，一边将其符号化、语言化的过程。左脑具有很强的工具性，它负责把右脑的形象思维转换成语言。

被人们称为天才的爱因斯坦曾经说过："我在思考问题时，不是用语言进行思考，而是用活动的、跳跃的形象进行思考。当这种思考完成以后，我要花很大力气把它们转换成语言。"可见，我们在进行思考的时候，需要右脑通过非语言化的"信息录音带"（记忆存储）描绘出具体的形象。

现代社会关注的创新能力或者说创造力是什么呢？实际上就是把头脑中那些被认为毫无关系的情报信息联系起来的能力。这些并不关联的信息之间距离越大，把它们联系起来的设想也就越新、越奇。人是不能创造信息的，所以对信息的创造也就是对已有信息再加工的过程。因此，假如右脑本身直观的、综合的、形象的思维机能发挥作用，并且由左脑很好地配合，就不断有崭新的设想产生。

当今的很多人左脑超负荷运转，右脑闲置，思维趋同，做事情要么"一窝蜂"，要么"一刀切"，这种左脑思维模式大到对国家的产业结构、生产力布局，小到对企业或公司的投资方向和经营模式，乃至每个人的心智和生活方式，都产生重复趋同、恶性竞争等不良影响。

电脑迅速普及的今天对每个人又提出了什么要求呢？简单地说，就是要求每个人都要能够适应计算机时代的大脑使用方法。前面讲到，人有左右脑，电脑恰恰能够代替左脑，例如 Windows 系统，它能够组织文字、编辑文章，代替人的左脑的部分语言功能。电脑一开始就是为了代替人进行逻辑、计算、语言处理和分析等而制造的，这些恰恰都是左脑的工作。随着电脑功能和软件技术的飞速发展，电脑功能将会远远超过人的左脑的功能。

要想在激烈的人才竞争中脱颖而出，要想使企业另辟蹊径，创造性地开辟新的发展道路，我们每个人，特别是从事脑力工作的管理人员、企业家、策划师、销售人员等，都必须充分地活化、开发和使用自己的右脑，必须转向创新策划、综合判断、制订计划、分析感悟和形象概括。由此可见，在现实生活中无论是否运用电脑，现代人都必须注意开发和使用右脑，活用右脑将成为现代人突破困境、出奇制胜的犀利武器。

令人遗憾的是，在现实生活中95％以上的人仅仅使用左脑进行思考。这是由两方面原因造成的：一方面，如前所述，因为人主要使用右手，各种分析、数字处理、记忆等活动都由左脑进行，所以造成人的左脑满负荷运作；另一方面，传统应试教育和“填鸭式”的学习方法加重了左脑负担。传统教育培养了一大批循规蹈矩，缺乏应变力、创造力的左脑型人群。在缺少变化的时代，左脑型的人也许还可以大显身手。但是市场竞争愈加激烈，电脑等高科技产品更加普及，不会使用右脑的人将面临同电脑竞争的窘况，生存空间将越来越狭窄。

生活中也许有这样的人，当他突然听到“右脑革命”这个概念时，会像学电脑和英语一样有压力。他认为自己的大脑的功能随着年龄的增长逐渐衰退，现在开始锻炼已经来不及了。实际上这是一个误区。开发右脑潜力不应太在乎年龄，任何人在任何时候都可以进行锻炼。有许多人发现，人的记忆力从40岁开始逐渐衰退，但这并不是大脑衰退的表现，其实这只是脑细胞数量减少的表现，而脑的机能特别是右脑机能并没有发生任何变化。

如果把人脑比作电脑，把脑细胞组织比作硬件，把使用方法比作软件，那么人脑的硬件分三个阶段形成：第一阶段，0到3岁；第二阶段，4到13岁；第三阶段，14到20岁。70％的硬件在人的3岁左右形成，到20岁基本全部形成。这些硬件分为左脑硬件和右脑硬件。我们灵活地运用大脑产生创造性的设想，实际上就是分别巧妙地用左右两部分硬件，使它们协调工作。

人上了年纪脑细胞减少，是指包括左右脑在内的硬件逐渐衰退，而大脑的部分软件还大有潜力，没有衰退的迹象。因为现代人从小学就开始接受的正规的左脑教育，所以左脑软件得到了充分的开发。而对右脑软件的开发完全不够，即使到了40岁，人们的大脑也大有被开发的潜力。

从创造力和直观力来说，年龄越大积累的资料越多，重新组合的可能性也就越大。因此，可以这样说，只要充分开发右脑软件，年龄越大就越容易产生新知独见。

人的右脑无论在什么时候都可以通过锻炼进行活化。从工作角度讲，一个人年龄越大就越要具备右脑的能力。有些人担任更加重要的职务，单凭左脑的逻辑推理远远不够，必须从整体上、从纷乱复杂的现象中准确地把握问题的本质，这就需要有驱动右脑软件的能力。

（三）开发右脑刻不容缓

在分析了创造过程的特点，了解了左右脑的功能以后，就很容易理解为什么古今中外许多出类拔萃的人大都善于左右脑并用。意大利画家达·芬奇既是艺术大师，又是工程师和科学巨匠；德国伟大诗人歌德，曾写过《植物变形记》；科学泰斗爱因斯坦擅长演奏小提琴。我国大科学家钱学森酷爱艺术，他曾说："难道搞科学的人只需要数据和公式吗？搞科学的人同样需要灵感，而我的灵感，许多就是从艺术中悟出来的。"高占祥曾说："艺术的想象力往往会刺激科学创造所必需的想象力；而科学的想象力又会给艺术的想象力插上更加美丽的翅膀；那些集科学与艺术才能于一体的'能人'，则是左脚踏着艺术世界，右脚踏着科学世界前进的人。"这里说的就是左右脑并用的奇才。他们在阅读各种资料时往往比普通人快数十倍，而且理解和记忆效率并不会因此而降低，这是因为他们具有极其丰富的想象力（形象思维），且善于巧妙地运用左右脑。

长期以来，阅读教育一直忽视右脑开发，忽视形象思维的发展。普通心理学所论述的思维只是抽象思维，儿童心理学认为儿童时期的思维正从以具体形象思维为主要形式向以抽象思维为主要形式过渡。由于年龄特点而初步发展起来的形象思维，在这种理论的影响下被"过渡"掉了。在学校的课程设置中，美术、音乐向来不被重视，学校把教育的重点放在知识、技能、技巧上，直到最近，新的教学大纲才开始强调发展形象思维。有着丰富形象思维内容，能够营养左右脑并用能力的语文课，往往变成只发展语言、逻辑思维和单一发展左脑的语言分析课，忽略了学生的阅读兴趣和阅读想象力，严重束缚了学生阅读能力的发展。

在今天，人类高度重视对大脑的研究。左右脑功能的研究已获得突破性进展，阅读教育必须努力跟上时代的步代。深入开发右脑的功能，重视发展形象思维，必将引起一次新的学习革命。我们相信，随着右脑功能的开发、形象思维的发展，我们必将造就左右脑并用的，熟练掌握全脑速读记忆技巧的新一代高素质人才。

第三章 训练篇

第一节 阅读前的准备

（一）用呼吸法消除身心紧张

人的腹腔中有很多器官，这些器官都受到节奏呼吸的刺激。腹腔受到舒畅而有节奏的呼吸刺激，并将这种刺激通过中枢神经传向大脑，增强大脑的潜在功能。

训练时，可舒适地坐在椅子上，挺直后背，坐在沙发上或躺在床上也可以。尽量让身体放松，消除肩、手腕、胸、腰、脚等部位不必要的紧张。轻轻地闭上双眼，深呼吸 3 次，用鼻子慢慢吸气，让腹部凸起，双肺扩张。深吸气后屏息一会儿，再尽量放慢速度用嘴呼气。呼气的同时抬起下颌，放松面部肌肉，深深体会精神和身体松弛舒适的感觉。

接下来用下述方法按次序进行练习：吸气数 4 下；屏气数 4 下；呼气数 4 下；屏气数 4 下。

吸气：1、2、3、4。

屏气：1、2、3、4。

呼气：1、2、3、4。

屏气：1、2、3、4。

重复这种四拍的呼吸练习，4 次，然后放松。

呼吸放慢些，进行六拍练习，方法同上，重复 4 次。

吸气：1、2、3、4、5、6。

屏气：1、2、3、4、5、6。

呼气：1、2、3、4、5、6。

屏气：1、2、3、4、5、6。

最后，把这种有节奏的呼吸再放慢到八拍，重复 4 次。

吸气：1、2、3、4、5、6、7、8。

屏气：1、2、3、4、5、6、7、8。

呼气：1、2、3、4、5、6、7、8。

屏气：1、2、3、4、5、6、7、8。

（二）身体松弛法

这个练习是参照美国生理学家杰布逊的阶段松弛法制定的。练习要点是：让身体的各个部位用力，使其紧张，然后边呼吸边消除各部位的紧张，消除紧张便有松弛的感觉。随着这种放松感，有意识地让自己的心理也处于一种轻松愉快的状态。

训练方法如下：

向上伸举两手，伸展全身，全身用力，尽量挺直后背。一边慢慢呼气，一边放下双手，消除全身紧张。以上的动作重复做 1 次。

摇头。下颌靠近胸部，最大限度地向左侧转，然后向右侧转，再向左侧转，再向右侧转。

用轻松舒适的姿势闭上眼睛，进行深呼吸，反复 3 次。在呼气的过程中，使紧张离开身体。恢复正常呼吸，要尽量慢慢呼气，同时感觉身体松弛。

身体各部位用力。使脚尖和小腿的肌肉用力，然后边慢慢呼气边消除紧张，在感觉肌肉松弛的同时，在心中默念“真舒服”，形成轻松良好的心理状态。

接下来做臀部练习。使臀部紧张，然后慢慢呼气消除紧张，寻找臀部肌肉松弛后心情舒畅的感觉。

使腰部和腹部肌肉紧张。慢慢呼气，消除紧张，寻找心情舒畅的感觉。

两肩用力向后翘，使胸部和肩部及后背肌肉紧张，在心里默念“真舒服”，寻找松弛后的感觉。

紧握双拳，令腕部紧张，用足力气。然后慢慢呼气，消除紧张，两手自然下垂，放松。

使面部肌肉紧张。紧闭双眼，咬紧牙齿，闭上双唇，嘴向左右两边用力扩张。然后轻轻呼气，消除紧张，放松面部肌肉，使口、眼周围放松。

从脚尖到头顶连续紧张。脚尖用力，紧紧弯曲。然后从脚尖向上用力，由小腿上升到大腿，再到臀部肌肉，使下半身肌肉全部紧张。收缩腹部，从胸部向上到后背部，用力。紧握双手，两腕用力，抬起下颌，咬紧牙齿，闭紧双眼，使全身紧张。

突然松懈，消除紧张。慢慢呼气，突然消除全身紧张，寻找松弛后的愉快感受。自己从头到脚检查一遍，把没有放松的部位再紧张、放松一下，充分感受扩展到全身的轻松、舒适，把这种愉快的心情维持下去。

现在，闭上眼睛，双手紧握、放松，反复数次，感觉手的抓握动作，然后伸开，睁开眼睛。心情舒畅了，身体也充满精力了。

第二节　眼力基本功训练

画一个直径 1 厘米的黑点（见图 3-1），置于距眼 40 厘米（近视者可适当放近）处，双眼凝视黑点 1 分钟。

要求：①保持专注。

②不许眨眼。

③维持 1 分钟。

画一个直径 20 厘米的圆，置于距眼 40 厘米处，要求圆形能够清晰地落入视线。

要求：①保持专注。

②不许眨眼。

③维持 1 分钟。

练习迅速转动眼睛，顺时针 36 次，逆时针 36 次，眼球转动时眼前景物应清晰地落入眼内。

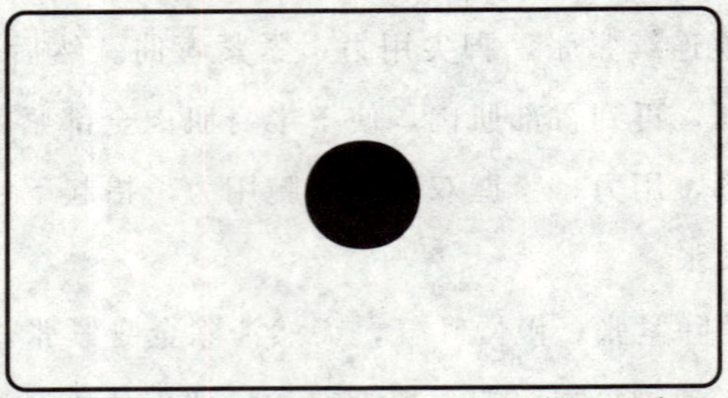

(a)

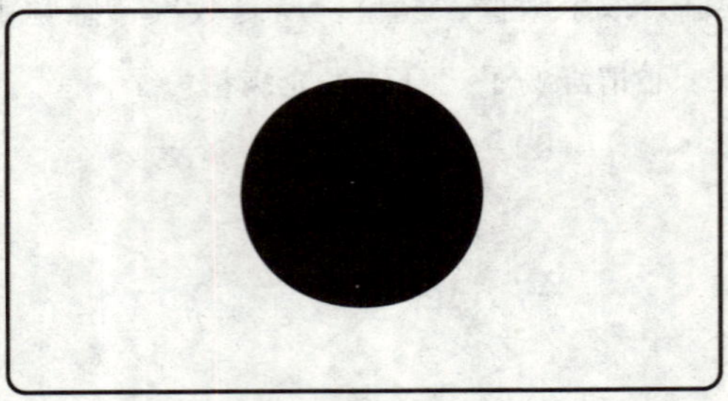

(b)

图 3-1　眼力练习图 2

第三节　扩大视野的训练

快速阅读的任务是找出和研究文章中的有用部分，而扩大视野和养成眼睛上下垂直运动的习惯是完成这一任务的有效途径之一。下面介绍两种扩大视野的方法。

（一）突击法

准备 10 本至 12 本科普读物，每本书为 50 页至 100 页。幅面与教材幅面相同。

一本接一本地读下去，阅读每页的时间不超过 18 秒。

阅读时要使视线纵观全页并沿每页的中心严格地进行眼部垂直运动。在信息量最多的地方，视线才可以暂时停顿，做局部横向移动。

对阅读过并已理解和掌握的东西来说，这种方法并不必要。突击法不是一种阅读法，它只是培养视线在书页中央或报栏中央做垂直移动的习惯的权宜之计。

阅读每本书都必须从头读完。只要知道书的总页数，就不难算出阅读这本书所需要的时间（以每页书 15 秒计算）。读完后，应对回答下列问题：书名、著者、出版社、中心思想、最有趣的事件和事实，以及令人印象最深的事件。

在时间安排上，应注意以下两点：

（1）在训练眼睛做垂直运动的前两三天，每天阅读一本 50 页至 100 页的书，每页的阅读时间为 15 秒。暂时不用管理解的程度。

（2）再用两三天时间运用眼睛垂直运动的方法，每天阅读一两本 100 页至 150 页的书，每页用时 15 秒。此时要尽量掌握书的中心思想。

（二）舒尔特表练习法

这是通过动态练习锻炼末梢视觉的一种方法。具体如下。

制作 10 个表，每个表都为 20×20 厘米的正方形，在小格内无顺序地填上数字 1 至 49，见图 3-2。练习时，让阅读者先看第一个表，按递增的顺序迅速找全 49 个数字，用秒表计算所用时间。接着再一个表一个表地练习，记录所用时间。随着练习的深入，阅读者提高了末梢视觉的能力，会逐渐形成快速点数的习惯。

(a)

40	23	24	7	43	13	41
38	14	4	12	27	31	21
22	11	6	26	3	20	42
36	32	19	30	35	2	25
1	10	18	5	34	8	44
33	9	45	15	28	46	37
39	17	47	16	49	29	48

(b)

26	19	9	20	5	21	14
48	18	10	38	4	13	44
25	8	1	24	12	45	23
29	17	30	11	36	22	34
27	7	6	28	2	43	46
41	37	16	42	3	31	40
35	49	33	15	47	32	39

(c)

42	46	16	43	27	3	33
15	37	7	20	17	32	25
39	6	26	2	41	9	40
48	21	19	38	18	49	24
14	36	5	31	13	4	45
35	29	8	23	30	34	10
1	47	22	44	12	11	28

(d)

47	15	7	16	3	8	9
49	46	35	4	34	22	33
23	14	6	43	2	28	10
48	42	27	21	25	45	20
32	12	1	5	31	29	11
26	13	36	30	39	18	37
24	38	40	17	41	44	19

(e)

8	37	17	28	3	30	9
40	34	6	2	35	23	42
16	27	44	29	20	43	22
4	14	5	33	13	10	1
26	7	18	46	32	31	45
47	36	19	38	41	21	24
25	15	48	12	39	11	49

(f)

43	14	38	34	9	33	15
13	1	8	32	3	40	46
37	29	28	2	31	35	16
30	7	23	18	17	6	39
27	12	42	4	36	22	47
45	21	5	20	10	19	26
25	11	44	41	49	48	24

(g)

17	16	8	43	44	45	7
37	42	35	20	2	30	23
41	4	3	48	27	15	36
12	13	32	1	18	9	46
24	39	11	47	49	21	25
38	19	26	5	28	31	33
40	34	6	14	29	10	22

(h)

47	8	48	23	10	35	24
34	22	15	49	3	4	36
45	14	7	21	46	31	16
33	27	9	2	20	5	38
43	1	13	41	11	26	17
37	32	19	12	42	6	25
44	40	29	39	18	30	28

(i)

16	11	46	30	49	12	31
37	19	5	38	2	18	36
47	10	35	4	24	13	9
17	34	29	14	3	40	25
45	28	21	15	48	20	39
1	42	33	6	32	23	43
27	7	44	26	22	41	8

(j)

29	24	9	8	26	23	1
30	13	25	38	14	39	44
12	37	4	3	7	21	32
11	34	28	27	20	15	35
41	10	22	5	6	40	33
36	45	31	19	43	16	46
2	42	18	48	17	47	49

图 3-2 舒尔特表

练习要求：

（1）用自己制作的 10 个表一一进行练习。

（2）点数时不出声，按递增的顺序在心里默数，不能有遗漏，这 10 个表的顺序可以打乱。所有找到的数字都必须用铅笔画出来。所要达到的训练结果是，完成一个表的时间不超过 49 秒。

（3）开始用表进行训练之前，视线应集中在表的中心，以便看见表的全貌。

（4）在寻找下一个数字时，视线应集中在表的中心（必须这样做）。表和眼睛之间的距离为 25 厘米至 30 厘米。

（5）练习的时间和周期由自己安排，但切记不要过分疲劳。

（6）当形成查表的习惯后，可以靠视线的移动来寻找数字，不必再用铅笔进行勾画。

第四节　注意力基本功训练

大量实验表明，阅读者阅读速度慢的原因往往是，注意力不集中。多数读者的读书速度大大低于他们思想集中时可以达到的程度。读书速度慢的人一拿起书马上想到别的事，思想不集中，读书兴趣也就跟着下降。因此，虽然阅读者看起来读了很多内容，但实际上并没有理解书中的思想。这类阅读者在思想溜号时，总是会乱翻书本。

集中注意力的一个有效方法是注视绿点练习法。其练习方法如下。

(1) 准备好一篇 1 400 字的短文，将其贴在薄纸上。读完短文，集中注意力。

(2) 坐在桌前，把短文放在面前，光线要固定、均匀。双脚自然下垂，接触地板，但不要交叉。双手放在桌上，全身放松。呼吸均匀、平静，摒弃任何杂念。

(3) 直视短文中的一个想象出来的绿点，共 10 分钟。思想集中，排除杂念，全部注意力都要集中到绿点上，全部思想和意念都同这个绿点联系在一起。

(4) 10 分钟后，闭上眼睛（或用右手遮住眼睛），立即躺下睡觉，使一天中最后一次视觉形象是不断注视绿点产生的幻觉。

(5) 练习 3 个月，每天在睡前练习。

这个练习除了训练注意力外，还可以扩大视野。做法是：阅读者试着沿横线中心往两侧扩大视野，在不放过绿点的状态下，以这一页的横向中心为起点，尽可能看见整行文字。做到这点后，就可以逐渐扩大视觉幅度。应尝试同时看见点及其上下 2 行至 3 行文字。

在完成这套练习的过程中，视线只能集中在绿点上。看并不是为了阅读，而是为了辨别轮廓，绿点周围的词、词组和句子。训练者应该逐渐看见越来越大的篇幅，最终能够自如地注视绿点 10 分钟，在精神集中的一刹那，阅读文章就像看见一扇敞开的窗户，不但看到了一整页中心的绿点，而且还看到了一整页文字。这一页上的一切都看得那么清晰、准确。这种现象出现的时间并不长，只有一会儿，但这就说明训练取得了成功。

第五节　节奏训练

节奏训练分三步进行。

(1) 用狭长的方框（图 3-3）隔出视读范围，将这个范围作为一个整体来摄取，使其清晰地映入视觉并印在脑海中。

长框内没有文字，所以即使想在脑海里音读也无法进行。

要领：按长框规定的视野大小，始终保持住这个范围，以规定的速度移动视点，体会眼球运动的节奏感。

注意：不能忽快忽慢，不准丢行或串行。

图 3-3　长框

（2）读者用上述长框将所读文章的文字分隔开。视读时，要一个一个地看每个长框内的文字，如图 3-4.

随着科学的发展，人类	的记忆可以是亲身经
历的，也可以不是亲身	经验的。不是亲身经历的
部分记忆，可由外界向大脑	移植。
1978 年，德国科学家马田	从训练过的蜜蜂脑中
提取记忆蛋白，将其移植	到没有接受训练的蜜蜂脑
中，结果发现这些蜜蜂就像	受过训练一样，每
天也能定时定向飞到放有	蜜糖的蜂房内就餐。
英格兰的科学家也用	蜜蜂做了相关实验。他们
先用仪器将成年蜜蜂脑中的	记忆蛋白提取出来，
注射到幼蜂	脑中。当幼蜂刚刚能飞时，
将其带到一千米以外成年蜂	常取蜜的蜜源处放飞，
结果发现这些	幼蜂居然能凭借“记

忆”准确地返回。这些记忆显然不是幼蜂亲自体验过的，而是从成年蜂脑中移植来的。

另外还有一些没有进行过记忆移植幼蜂，同样被带到一千米以外成年蜂取蜜的蜜源处放飞，结果这些幼蜂慌了神，胡乱向四处飞去。

美国斯坦福大学的心理学家理查德·汤普森提出了“记忆仓库”说。他认为有记忆的动物都会将记忆储存在脑子的“记忆仓库”中，如果破坏了“记忆仓库”，那么这些动物就会失去记忆；如果移植了“记忆仓库”，这些动物的记忆也会随之转移。

汤普森用兔子做了实验。他先在兔子耳边发出“咣”的一声，紧接着朝兔子眼里吹一口气，于是兔子立刻闭上了眼睛。这样反复发出声响和反复吹气，使兔子产生了相关的记忆。几次实验以后，兔子只要一听到“咣”，就会自动闭上眼。兔子已经学会了记忆声音与吹气之间的联系，之后即使你不吹气，它也会闭眼。这是“记忆仓库”在起作用。

接着汤普森设想：若兔子脑子中的“记忆仓库”受

到破坏，记忆是否会消失呢？汤普森巧妙地使用一种叫肝宁酸的化学物质，破坏“记忆仓库”兔子的“记忆仓库”在脑中仅占1平方毫米一旦被破坏，兔子的记忆就一点儿也不剩了。

可见，“记忆仓库”的确是存在的。

上面这些实验，都对人有某种启示。可见，人的记忆也是可以移植的。

用记忆蛋白恢复人的记忆，这是比利时科学家的大胆实验。一个年轻人因车祸长时间昏迷不醒，而且失去了记忆。科学家把一种记忆蛋白用器具喷洒在他的鼻子上，并使记忆蛋白一点点渗入其脑。一天后，奇迹出现了：这个年轻人恢复了部分记忆，并能回忆起发生车祸时的一些情景。继续施用记忆蛋白，一星期以后，这个年轻人就恢复了全部记忆。

科学家还发现，记忆蛋白除可恢复记忆之外，还可提高记忆能力、识别能力和注意力，改善思维状态。

由于种种原因，人的记忆移植目前尚未实行。但

我们可以相信，在不远的	将来它一定可以变成现实，并
造　福　人　类　。	如　果　能　将　科　学
伟人的记忆移植给后人，那	更　是　人　类　的　福　分　。
我们甚至还可以将自己青年	时期的部分记忆蛋白用
基因技术复制储存，在年老	时移植回去。

图 3-4　在长框中放入文字

快速阅读法是一种提高阅读能力和记忆程度的训练。这项训练不是让大家理解和记忆长框内的文字，而是让大家体会节奏和速度，达到一眼看数字的要求，从而避免音读。

（3）不要长框辅助，自行确定每个视野的大小，使文字能顺利地跳进视觉和脑海之中。

这项训练不要求大家理解和记忆文字，只要在规定的时间内视读完规定的数量（1 分钟读 2 页）即可。

注意：在节奏训练的过程中要保持丹田呼吸，不许眨眼。

节奏训练文章

探索人脑的创造性思维

什么是人脑的创造性？美国布法罗州立大学人脑研究中心主任帕西欧认为，对人脑创造性的考察本身就是一个创造性过程。他指出，人类的创造力正在比以往任何时候都快速地发展着。

公元 60 年，古罗马皇帝尼禄用祖母绿制成的透镜观看角斗士的表演。到了公元 14 世纪，威尼斯工匠将玻璃打磨成凸透镜，然后装入镜框内制成望远镜。从祖母绿透镜到望远镜，人创造性思维的发展历经了 1 300 多年。帕西欧说，如果祖母绿透镜是个现代发明的话，那么这个发明进化的时间跨度将会被大大缩短，因为现代技术使镜片的设计和测试变得简单。

然而，人脑的独特贡献——创造性过程，依然是一个不解之谜。究竟是什么造就了像阿尔伯特·爱因斯坦这样的天才？从加利福尼亚州大学伯克利分校到麻省理工学院，研究人员都在苦苦探索。他们的研究方法不一而足，有的分析人脑的形状和构造，有的利用电脑模仿人脑的创造性思维过程，更有甚者试图发明一种能够自我创造的电脑。最近几年，人们已经逐步接受了这样一种观念，即创造性思维是一种多层面的现象，它绝不像想象的那么简单。实际上，一个人只有在和他身处的环境相互作用时才能迸发出智慧的火花。帕西欧说："有时，人会遇上这样或那样的麻烦；有时，即便身处自由的环境，人也未必能够走向成功。"

帕西欧引用了哈佛商学院一位教授的研究，即个人动机（分为外在动机和内在动机）影响创造性思维。其研究成果表明，外在动机是来自个人外部的动机，有时会摧毁创造性思维，而内在动机则相反。出于外在动机的影响，人们往往过度关注回报，进而放弃尝试。而风险往往又是创造性成就的关键要素，人们在回避风险的同时也回避了成功。相反，如果功利心不是太强，人们就会乐于探索，尝试新的想法，这时人的创造力就会得到发挥。

有些专家则认为多种智力因素决定了人的创造性。哈佛教育学院教授、心理学家加德纳总结了天才孩子所共有的七种智力因素：语言能力、逻辑—数学能力、乐感、空间感、运动能力、内省能力及人际交往能力，后两者决定了孩子的心理倾向。这七种因素中的每一种都表明了人类具有不同的能力。加德纳列举了几个具有不同智力因素的天才：语言能力，艾略特；逻辑—数学能力，爱因斯坦；乐感，莫扎特；空间感，毕加索；运动能力，刘易斯；内省能力，弗洛伊德；人际交往能力，甘地。

以上总结了各种专家对创造性思维的看法，但归根结底，人脑的创造力对科学家来说依然是一个谜。

越用脑越活

许多人都说，人的脑力是天生的。其实，这种观点是错误的。

从心理学的角度讲，想象、构思和记忆人皆有之。东京大学名誉教授乙竹岩造说："人的脑力与遗传、环境、教育三大因素有关，而最重要的一点则是要有意识地在某方面用脑。"

吉川英治凭借精彩绝伦的历史小说吸引着很多人，不论是《宫本武藏》还是《三国志》，构思都不同于以前的作品。他对人物的心理描写与对事情的见解都具有独到之处。他的朋友谷本评论他的作品："有人以为，吉川先生的创作与独创性就像泉水一样能够自然涌出来，其实不然。那一幕幕在其想象中复活的历史壮举，无一不是他隐居山间、面火苦思的结晶。而在坐禅苦索的同时，他的头脑又得到了锻炼，创作的思维更加敏捷。"

闻名遐迩的日本杂志之王——讲谈社的野间清治在其自传中写有这样两段话："人的精力是有限的，无法事无巨细一一躬亲。因此，我常将工作的大部分委于他人。我以为，一个领导者身边是否有众多可以信赖的人，是成败的关键所在。""我的工作可用两个字来概括，那就是思考。有关事务的事，我是一概不插手的。也许在旁人看来，我是个终日游手好闲的人，但是我一刻也未停止动脑、设想与思考。因此，越到晚年我倒越觉清醒，常常会有妙计良策生出。"

吉川英治也好，野间清治也好，他们无不在有意识地锻炼着自己的头脑。从生理学观点来讲，人的大脑同人的肌肉一样，是越用越发达的。

想提高记忆力的人，只有多下苦功，才会取得长足的进步。为应试而记英语单词的学生，开始时几个小时才能记住几个、几十个单词，但在这方面连下几年工夫，几个小时就能记住几百个单词。精于珠算的高手把脑力全部用在珠算上，才有常人难以想象的计算速度。商业学校的教师对两位数之间的运算结果张口就来，绝不会错，这也是他们长年练习的结果。

我有个朋友，他的老师在讲起喜剧大师埃诺肯时说：“埃诺肯并不是一个头脑敏捷的人，但他那逗人捧腹的本事却是独一无二的。这一特长在他的努力下得到了不断的发展。为了使人们发出愉快的笑声，他常常琢磨以怎样的表情和动作达到预期的效果。为此，他每天都要在镜子前进行练习，反复揣摩。”正是这样刻苦的训练，才使埃诺肯的技能得到了发展，他才表现出了如此高超的技艺。

这种体验，就连我这样的凡夫俗子也曾有过。我从少年时代起记忆力就特别差，汉字怎么也记不住，英语单词更是令我头痛。

从师范学校毕业后，我便自学植物学，并希望能够通过考试。但是，植物的分类令我生畏，我需要记住各种植物的名字。

起初，我需要花费一周多的时间记住采集到的二三十种植物的名字并做好标本。后来经过两三年的反复记忆与刺激，我在这方面的能力有了显著的提高。我在上山采集标本时，看到三五十种植物，花一个小时就能把它们的名字全部记住。5年后我参加了考试，为记住热带植物的名字，我提前一天到了东京，在野外博物馆，我看到了陈列在那里的、从未见过的2 000多种热带植物，我从上午10点记到下午2点左右，便记住了它们的名字。

第二天考试时，主考官中井猛之进博士拿出一个芒果，问我这叫什么，我不仅想起了博物馆陈列的芒果，就连它旁边的植物的名字也想起来了，我一下子就说对了。

回首往事，颇有感触，记忆力也是越用越强的呀！

由此想到，无论男女老少，都应养成动脑筋的习惯。机体越用越发达，但它是有限的；头脑的进步与发达却是无限的。

古人云：“无论才能有多大，若怠于有意识地发挥，也不会有所长进。”这实在是至理名言。

第六节　手部引导速读训练

手部的功能：

（1）增进记忆理解。

（2）明心开智。

（3）引导眼球移动。

（4）牵引视觉，扫视新信息。

（5）阻止视角后退，提升速度。

手部指引要诀：

（1）移动手指，横扫文章的一行，确定眼睛跟着手移动，以能理解的速度从左至右持续扫描文章的内容。

（2）阅读到一行的末端，便将手指移至下一行的开始，大多数人用左手引导他们的眼睛，用右手翻页。若用左手并不舒服，可使用右手引导眼睛移动。

（3）在眼睛跟随手部移动时，将视线集中在以下三个位置。

①手的左边。

②手的右边。

③手的上面。

请注意可以尝试并找出在阅读时眼睛最舒服的位置；读到困难的字词或语句时不要减慢速度；不要重复阅读任何遗漏的字或语句。

（一）正向引导训练

手部正向引导示范训练。如图 3-5 所示。

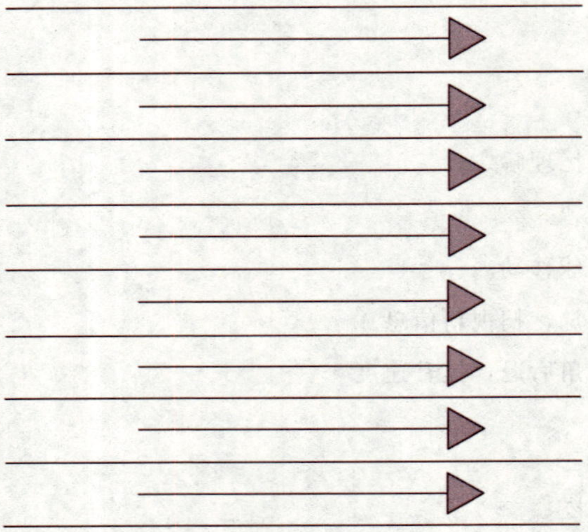

图 3-5 手部正向引导示范训练图

手部正向引导示范训练文章

影响 21 世纪的新技术

中国工程院原院长朱光亚院士预测，芯片加工技术、灵境等高新技术将对 21 世纪产生重大影响。

芯片加工技术。当年 386 计算机处理器的芯片采用 1.5 微米工艺；586 机采用 0.35 微米工艺，含有 330 万个晶体管；英特尔正在设计的微处理器采用了2 000万至 5 000 万个晶体管。预计到 2011 年，采用 0.1 微米工艺的处理器主频可为 1 000 兆以上，处理速度达每秒 1 亿条指令。

光纤通信技术。目前因特网信息传输率低，只适于传输文字和数据，不适于传输声音。依托光纤技术的高速光纤网，将使因特网成为全球的媒体传送网络。

并行计算技术。高性能计算机正向大规模并行处理机的方向发展，21世纪初运算速度将达每秒100万亿次。

灵境（虚拟现实）技术。人们有望通过计算机“身临其境”地听到、看到、触到、嗅到、感知到某种环境中的一切，这可能改变未来社会生活的所有方面。

信息安全技术。针对目前在网上出现的“计算机陷阱”“逻辑炸弹”“软件侦察”“软件卧底”“蠕虫”等研制的防范技术可以防止网络遭遇外来侵袭。

液晶平板显示技术。2005年以前，液晶平板显示技术将应用于壁挂式高清晰度电视。

转基因技术。在农业上，它将改造谷物和家畜品种。在制造新型药物、疫苗和基因治疗方面，人类有望通过基因治疗攻克癌症、免疫系统疾病、心血管疾病及其他疾病。

DNA芯片技术。DNA芯片技术即基因芯片技术，它是将大量“生命信息”（基因片段）固化在1平方厘米的玻璃或硅衬底上的技术，这种技术不仅将对生物基础研究有革命性影响，还有望在临床诊断、司法、军事等领域大显身手。此技术刚刚起步，有巨大的产业前景。

新型陶瓷技术。预计到21世纪中叶，以金属为主要原材料制造的产品，将被陶瓷材料制造的产品所取代。

超导技术。2000年，世界超导材料市场价值超过100亿美元。超导技术将给能源、交通、医药等行业带来革命性的变化。其中，利用原来的电缆管道安装超导电缆，可满足大城市供电增容的需要。超导发电机、变压器的样机也在开发之中。

纳米材料技术。1997年，“纳米管”在高压和几千摄氏度的高温下利用石墨之间的电弧放电技术被合成，具有金属的性质。至今世界上还没有什么东西比这种极细的纤维更坚固，因此它的应用前景非常广阔。

微机电系统技术。自1987年美国首次做出直径分别为100微米、60微米的微电机后，人们就已看到它在医疗、宇航、生物、能源等领域的广阔应用前景。不久的将来，此项技术将从研究走向应用。

高效洁净发电技术。联合循环发电机组将成为主流，清洁、安静、灵活的燃料电池将直接把化学能高效地转化为电能。

太阳能技术。专家估计，21世纪太阳能发电有可能取代火力发电，成为最有活力的一项技术。

大脑健美操

近年来国外逐渐兴起一股“健美大脑”的热潮，旨在帮助人们恢复和保持记忆，让人们通过自我训练维持大脑“永不衰竭”的思维能力和想象力。

在美国的一些大学，年轻人热衷于参加旨在提高大脑创造力的培训课；法国部分健身房还特别开设了健脑课，帮助学员恢复和增强大脑的功能。然而最有影响力的要数英国爱丁堡大学脑医学博士维克斯经多年研究发明的“健脑操”。这套“健脑操”简单易学，它要求人们通过反复训练，养成良好的思维习惯，从而提高大脑的记忆力和创造力。

该套“健脑操”的第一部分主要训练人的记忆思维能力，它包括以下几点。

(1) 多看轻松、愉快的喜剧。对人脑的记忆性思维来说，精神消沉、悲观抑郁是主要的阻碍。因此，训练大脑应从培养乐观情绪开始，如每天听5分钟喜欢的音乐、读一段轻松愉快的小说、看一些让人发笑的喜剧等，都有助于提高思维的敏捷性并增强记忆力。

(2) 多读不同体裁的书籍。知识面越广，人的表达能力就会越强，同时思维也就越灵活。因此，多读一些新书和不同体裁、不同领域的书对大脑十分有益。

(3) 注意增加词汇的积累。在读书、看报时，应注意对词汇的积累。语言的丰富可以帮助人增强大脑思维，因此经常有意识地对词语进行分析，探讨词语结构，写一些语法复杂的长句等，都有助于保证大脑的健康。

(4) 经常放松自己。同体力训练一样，在紧张的工作、学习之后，应让大脑充分放松休息。找一个你认为最满意的地方，闭上眼睛，深呼吸，让全身放松，还可以在大脑中构想一幅图画，仔细品味画中的含意。

“健脑操”的第二部分是训练大脑的创造力，主要内容包括以下几点。

(1) 想象诗词的意境。选一段诗词读三遍，然后开始想象诗的意境。如果你喜欢写散文，可以将你想象出的意境写成优美的文章。

(2) 让音乐图像化。在聆听一段音乐后，仔细琢磨每一个音符，在大脑中形成一幅配有音乐的图画。

(3) 凝神品味一幅画。当你欣赏一幅画时，让大脑充分理解和想象画中的含意，把想象出的内容组成一个故事。

(4) 虚构一段故事。当你看一本小说时，可有意在中途停下来，去构想书中主人公的结局；也可以将自己放到一个故事中去，想象一下自己历险的经历。

(5) 观察生活中的人。有意观察一下在你周围的人，记下他们的语言和特征，然后去想象他们的性格及可能发生的故事。

70 岁人的大脑仍会长出新细胞

按照一般观点，人从 20 岁开始脑细胞日渐减少，储存信息和记忆的能力随之减退。

生活中，人往往一超过 50 岁便认为自己的大脑开始走下坡路，于是不思进取，懒于用脑，殊不知大脑也同人的其他器官一样，“用进废退”、人们对脑细胞的开发、利用远远不够，一般人的大脑一生只利用了 10％左右，因此我们应大力开发、利用大脑。但这一观点并未引起人们足够的重视，不少人年过花甲之后就不想学习，只等大脑慢慢衰退。这种观念严重影响了人的生命质量。

最近，美国、瑞典的科学家首次发现，成年人即使到六七十岁，大脑仍会长出新的神经元（脑细胞）。他们在脑病患者大脑中的一个小区域——海马状突起处发现了新生的神经元，神经元能够使大脑恢复部分功能。这里处于大脑深层，对人的学习和记忆能力非常重要。这一发现否定了此前科学家关于成人脑细胞损伤后就不能再生的结论，不但为脑疾病和脑损伤的治疗带来新的希望，而且可以鼓励上了年纪的人，因为他们仍有上进学习的生理资本。

这一新发现还告诉人们应从思想上抛弃“大脑到一定年限就衰退”的陈旧观点，利用、开发“闲置”的脑细胞，改变那种多年来因“脑衰”导致心理衰老的被动局面，提倡良好的生活方式，坚持必要的、适宜的体育锻炼，勤于用脑，提高生命质量。

医学发展美妙前景：病人持基因卡看病

“今后的医院应该是这样的：每个病人都有自己的‘基因卡’，医生一刷卡就知道给病人吃什么样的药。”中国人民解放军军事医学科学院王升启教授描述了医学发展的美好前景。

“基因卡”的核心技术是生物基因芯片。基因芯片是一种高度集中技术，在硅基材料上固定有成千上万的基因探针，如果探针功能与药物作用相关，便可以对药物进行大规模超高通量筛选，也可以研究药物作用的机理和作用“靶点”。有关医药专家认为，在未来5年至10年内，基因芯片技术将会使医疗手段更加对症，个体化医疗势必成为医学发展新趋势。

据了解，我国每年因滥用抗生素而致聋的儿童为500万至600万人，而美国每年因药物不良反应死亡的人有10万，无效医药花费已超过了有效花费。王教授说，很多药物对一些人适用，对另外一些人不适用，这都是遗传背景在“作怪”，种族、个体等因素都会导致遗传背景的差异。在面对不同的基因组时，相同的药物会有不同的疗效和毒副作用，因此搞清楚病人的基因组成，开发基因芯片，对于突破传统医疗诊断模式有决定性的作用。

将生物基因芯片技术应用于医药领域需做两方面研究：第一，搞清楚人类的基因组成；第二，进行各种药物对不同基因的作用的研究，在剂量和成分搭配上做到精确无误，“弹无虚发”。

科学饮食可提高大脑工作效率

据法国《费加罗》杂志报道，科学的饮食能提高一个人大脑的工作效率。

医学证明，人在衰老的过程中如果缺少维生素 B_9，就会加速丧失记忆。维生素 B_9 可以确保血液给各个器官充氧，它主要存在于动物肝脏（鸡、鸭、牛）、麦芽、蛋黄、菜豆、水田芥、核桃和菠菜中。维生素 B_6（麦芽、鲑鱼）可促进神经原之间的联系。维生素 B_{12}（肉、蛋、鱼、虾、蟹）可确保生成神经递质。这三种维生素合在一起，可以使人保持良好的记忆。

维生素 E 能保护我们的生物膜，防止大脑衰老，它在清除氧气所带来的自由基的过程中，有助于维护细胞结构的完整和稳定。此外，它还能够保护人的生育能力。油（麦芽油、橄榄油、核桃油、菜籽油）、茴香、蛋黄中都含有丰富的维生素 E。另一种抗衰老和抗自由基的物质是硒，牛肝菌、牛肾、贻贝、牡蛎和鱼中都含有硒。

葡萄糖属于碳水化合物的糖类家族。众所周知，缓慢发挥作用的糖可以提高记忆力。葡萄糖摄入不足会导致低血糖症，影响思维能力。要葡萄糖发挥长久的作用，就应该每天保持一定的摄入量。米、面、小扁豆中含有丰富的葡萄糖，其中由面制成的面包所提供的碳水化合物对我们的身体最有好处，因为它可被胃慢慢吸收，所得的葡萄糖被输送到体内其他部位。面包如果再配上火腿肠或奶酪，便可降低糖的消耗速度，因而也就更有效。

学习怎样学习和思考

全世界都在争论着这样一个问题：学校应该教什么？在我看来，最重要的应当是两个“科目”：学习怎样学习和学习怎样思考。这意味着你要明白大脑是怎样工作的，记忆是怎样工作的，大脑是怎样储存信息、找回信息、将信息与其他概念相关联并在需要时马上查出新知识的。

在这些特定技巧中，有一些技巧被叫作“快速学习法”“超级学习法”“暗示学习法”“全脑学习法”“综合学习法”。但遗憾的是，这些名称含义太过复杂，而最好的学习体系应该是简单的，甚至是充满乐趣的。它们通常有这样的共同之处：鼓励你用所有的智力和感觉——通过音乐、节奏、韵律、图画、感情和动作使你学得更快。令人惊奇的是，最好的学习方法和我们在婴儿时的学习方法是相似的。

思维技巧也是很容易学会的，已经验证的方法包括爱德华·德·波诺的“水平思考法”、亚历克斯·奥斯本的“头脑风暴法”、唐纳德·特雷芬奇的“创造性解决问题法”、罗伯特·弗里茨的“创造的技术”、斯坦利·普戈娄的“高级有序思维法”和阿尔文·托夫勒的“无限的才能”。再重申一下，最好的技巧应该是简单、有趣、有效的。

（二）反向引导训练

手部反向引导示范训练，如图 3-6 所示。

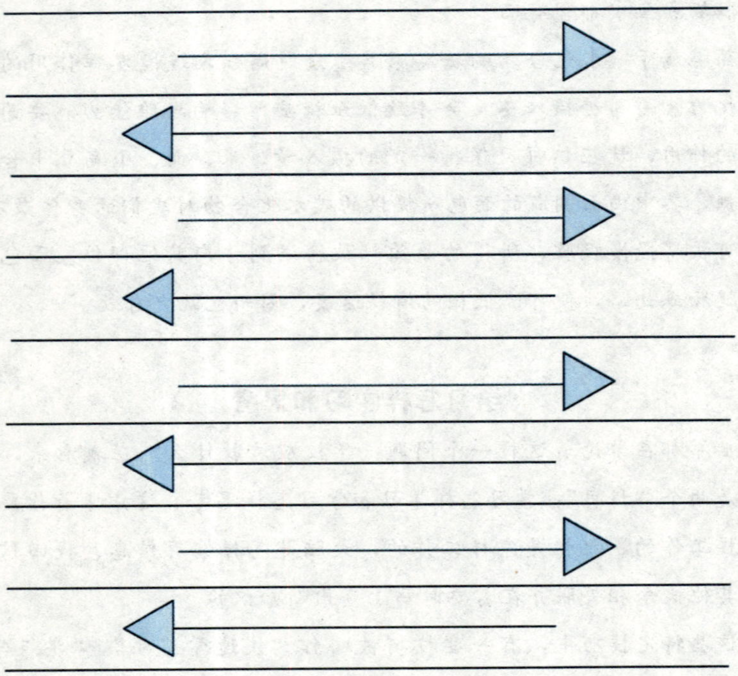

图 3-6　手部反向引导示范训练图

手部反向引导示范训练文章：

日本的自我教育和体验性学习法

自我教育是日本教育的一个重要发展趋势。

日本教育界指出，现行教育中存在着十分严重的问题，一是封闭式的传统教育问题；二是学历社会所造成的考试问题。这些问题阻碍了学生独特见解、集体智慧的发展，压抑了学生的智力、情感及创造性，使学校教育生产出一代又一代的“机器人”，有碍于人类的真正进步，也不适应高度信息化社会的需要，因此改革现行学校教育势在必行。改革从学生的生理和心理特点出发，激发学生学习欲望，增强学生毅力，使学生掌握科学的学习方法、独立的分析思考能力和发现问题、解决问题的能力，即培养学生自我教育的能力。因为这种能力是21世纪需要的有效能力。他们认为，进入21世纪之后，今日之花朵将成为明日之栋梁，而栋梁必须具备一定的自我教育能力。

所谓自我教育能力，不同于自学能力，它包括学习者的学习欲望、学习意志、学习方法和判断能力。而这四种能力的培养主要取决于一种方法，即体验性学习法。顾名思义，这种方法是一种在实践中学习掌握新知识的方法，它有利于培养学生的学习欲望和意志能力等。因为从孩子的天性来看，他们天生好动、好奇，当他们接触到实际事物时，就会立刻产生一种好奇心理，并想亲自体验一下。在这种心理的驱使下，他们在动手操作时会忘记时间。这时，如果教师能给予适当的指导，使学生不断发现新问题，产生一种强烈的兴趣和快感，就能在非常自然的状态中培养出学生的求知欲望和意志能力。体验性学习方法也是使学生产生探索、追求及创新心理的源泉。在实践活动中，学生往往会碰到一些疑难问题，并想搞清其究竟，这个问题解决了，又会出现另一个问题，促使学生不断探索。另外，这种方法也是克服教师一味向学生灌输书本知识的传统式教学的方法之一。它使学生在令人心情舒畅的环境中，产生一种充实感和满足感，并使他们能够真正掌握和运用科学知识。例如，日本千叶县山武郡成町公立大富小学，从学生的生理和心理的发展特点入手，以发展学生智力、培养学生能力、改革传统式教学思想、解决现行学校教育中存在的一系列问题为目标，采取课内外结合的实践体验性学习方法。这种方法大体分四个步骤：首先，在课堂上讲授一般的基础知识，然后到实践中给学生做简单的操作说明或示范。其次，让学生自己动手操作，提出疑难问题。再次，教师给予适当的解释和启发。例如，在自然课教学中，为使学生掌握草莓栽培技术，教师根据教学内容的特点和课时，让学生自己动手建造塑料薄膜温室，给学生讲解栽培程序和注意事项，做示范动作，让学生实地操作，在操作过程中教师提出一些关键的问题，使学生自己动脑筋分析研究，找出问题所在，目的是培养他们发现问题、解决问题的独立工作能力。最后，让学生在40摄氏度的高温室内进行长时间的实际操作和技术知识的学习，既培养了学生的毅力，又增强了学生的耐力。

总之，体验性学习法对掌握知识、开发智力及培养意志是非常有效的。但是，它也有不利的一面，如花费时间长且受各种条件的限制。因此，在选用这种方法时，一定要全面考虑教学内容、师资水平、设备条件及课时多寡等问题，不能不顾一切，盲从于某种教学形式，适得其反。

英语辅导教学速成是一种假象

如今，在不少英语辅导教学中，“速成”仿佛是一块金字招牌。不能“速成”，你还教什么？不能“速成”，谁还会来学？因此，树立“速成榜样”成了吸引学员的必备手段。

按“速成”的标准来衡量，钟道隆算得上是一个典型：他在45岁时才开始学习英语口语，当时，他连外国人说“See you tomorrow.”（明天见。）都听不懂，但是一年以后，他却一跃成为出访代表团的口语翻译。在任解放军某学院主管教学的副院长时，他只用了3年时间，就得学生的大学英语四级考试通过率从50％提升到了100％。然而，钟道隆却是“速成”的反对者，他强调无论用什么样的学习方法，锲而不舍地努力才是根本，在别人看来非常轻松的一年“速成”背后，是超过3 000小时的顽强苦读。因此，在他看来，“谁说这是因为我聪明，那是对我刻苦努力的贬低”！

钟道隆将他的学习心得总结为“逆向法”。结合自己的实际，他主张学习外语应从听力入手，坚持听写慢速英语，然后扩展到“说”“背”“想”，并在看似"笨拙"的努力中寻求学习的技巧。而恰恰是这种笨拙所带来的实际效果，让那些"速成"的、"轻巧"的学习法无法企及。

读《逆向法巧学英语》突出的感受是，"逆向法"不是一种学习方法，而是一种学习理念，它所"逆"的是时下流行的种种"速成假说"。

"逆向法"逆的是急躁、浮躁的学风。正是速成思想，使不少人总在尝试各种各样的方法，但屡学屡败。"逆向法"主张做长期刻苦学习的思想准备，在具体实施上要一个词一个词、一句话一句话地学，只有这样才能"准备花两三年时间学会英语，却一年就学会了"。"逆向法"逆的是凭空的强化和提高，它主张打好基础后再强化和提高。学一点就真正掌握一点，这样做，看起来慢，其实是快的，是治疗英语学习"夹生饭"的良方。"逆向法"逆的是为纯应试而学，而着眼于实质能力的提高。钟道隆认为，各种应试技巧大都是水平高的人归纳总结出来的，很容易被基本功扎实的人理解与掌握，而水平低的人去学习这些技巧则是云里雾里，始终不得要领。把希望寄托在纯应试技巧的训练上，只能是事倍功半，收效甚微。"逆向法"逆的是学习中的苦恼。学习英语最怕的是硬着头皮攻坚，只靠毅力苦苦支撑。"逆向法"主张在学习中坚持"不可一词无来历，不可一词不讲究"，学习者遇到的困难和取得的成绩都是很具体的，可以不断感受到由"不会"到"会"的喜悦。不懂的内容不再是使自己泄气的"障碍物"，而是吸引自己继续学下去的强力"磁铁"，越学劲头儿越大。

钟道隆认为，"逆向法"不是"突破"，更不是"革命"，而是对传统英语教学方法的重申。的确，"逆向法"的特色在于从实践中总结技巧，其根本还是"重在基础"的学习理念。从这个意义上说，"逆向法"是一个成功者的经验之谈。读罢该书，不由得产生了一种疑问：那些"速成榜样"的树立，是否也是对学员刻苦努力的一种贬低呢？

奈斯比特的新人类观

约翰·奈斯比特是一个永远响亮的名字，他是一位具有全球影响力的神奇人物，曾以《大趋势》和《亚洲大趋势》两部著作奠定了作为未来学家的坚实地位，并始终以高瞻远瞩、洞悉一切和敏锐感知未来的能力独领风骚。奈斯比特于21世纪来临之际以其独特的视角和精辟的见解推出了他的新作《大挑战——21世纪的指针》。这位当代美国人在纵巨变下的21世纪和芸芸众生之后，仍以一贯的方式和作风淋漓尽致地表达着独到的“新人类观”，让21世纪每一个渴望成功的人惊喜地发现，他又为人们指明了21世纪的奋斗方向和远大前景。

在这部新著中，奈斯比特告诉人们，21世纪是充满挑战和机遇的，成功的机遇与各种导致失败的因素并存，要想成为21世纪的成功人士，就必须具备以下条件，这便是奈斯比特的“新人类观”。在这里，奈斯比特将成功素质归纳为五大类：前瞻性与乐观主义；热爱变化，易于变革；珍视企业精神；寻求平衡；发展个人的领导才能。

奈斯比特认为，当今世界变化的方式是令人振奋的，只有对事物的变化发展具有前瞻性，并能在人们普遍认为不可能成功时依然坚信会获得成功的人才能成功。他的例证便是美国联邦快递公司。他说，要想在21世纪获得成功，就必须理解变化是一个永恒的定量，必须喜欢变化，鼓励变化，具有随机应变的变通性。

在强调珍视企业精神之后，奈斯比特又告诉人们，在如今经济化全球的条件下，仅有以上几点还不够，还必须做好两件事：寻求平衡和发展个人的领导才能。奈斯比特认为，如今人们有成为领导的自由与机会，能决定做什么、到哪儿去、与谁交往或合作、是否投选票。个人胜利的最终结果就是成为领导。当然，领导的自由是与责任始终相伴的，还得在今后的生活中为自己的命运负责。

这便是约翰·奈斯比特在21世纪来临之际为我们描绘的“新人类观”。他认为，只有具备上述五大成功素质的人才有可能成为21世纪的成功人士。当然，若想进一步领略奈斯比特思想的博大精深和理论的新颖独到，最好的办法就是去阅读一下原著！

卡耐基面对批评

美国心理励志大师卡耐基多次讲到这样一个故事：

“在很多年以前，我所办的成人教育班和示范教学会中多了一个纽约《太阳报》的记者。他毫不给我留情面，不断攻击我的工作和我本人。我当时真是气坏了，认为这是对我极大的侮辱，不能容忍。我马上打电话给《太阳报》执行委员会的主席古斯·季塔雅，特别要求他刊登一篇文章，以说明事实真相。我当时下决心要让犯错的人得到应有的惩罚。

“现在我时常为当时的举动感到惭愧。我现在才了解，买那份报的人大概有一半不会看到那篇文章，看到的人里面又有一半只会把它当作一件微不足道的事情；而真正注意到这篇文章的人里面，又有一半在几个礼拜后就把这件事情忘得一干二净。”

卡耐基由此得出一个重要的结论：虽然你不能阻止别人对你做出不公正的批评，但你可以决定是否要让自己受到那些不公正批评的干扰。

“尽可能做你应该做的事，然后把你的破伞收起来，免得让批评的雨水顺着脖子后边流下去。”

美国总统罗斯福的夫人也曾告诉过卡耐基，她在白宫避免所有批评的唯一方法，就是“只做你心里认为对的事——你反正是要受到批评的。

美国卡耐基成人教育课程的基本特点

卡耐基成人教育课程教学的基本原则就是“着眼于人”，着眼于人的自尊、自重、自信、自强的培养和人际关系，努力开发人的潜在智能，帮助人克服弱点，发扬优点，扬长避短，从而鼓舞其走向积极的人生。卡耐基认为，一个人事业的成功，只有15％是靠于他的专业技术，而85％靠的是良好的人际关系和社交技巧。课程还注意团体精神、合作精神的培养，旨在使一个部门或一个企业顺利渡过难关，走向成功。卡耐基成人教育机构所开设的各种培训班始终将上述基本原则贯穿教学课程的全过程，通过不断试验，逐步形成了一套可充分开发人的智力和创造力的成功的教学方法。

例如，管理讲习班的理念是“透过人来管理”，强调管理者要达到成功的目的，必须获得全体工作人员的配合，共同去追求期望的目标。推销人员班的则讲求应用性，而较少灌输理论，通过介绍销售过程中的实用知识，再经过实际销售的磨炼，使学员掌握销售技术。人事发展班则主要培养学员在与他人合作的过程中的沟通和处理人际关系的能力。

卡耐基成人教育课程的基本内容具有三个主要特点：一是节奏快；二是实用性强；三是成功迅速。

第四章 技巧篇

第一节 默读法

默读就是无声阅读，通过限制音量来提高阅读速度，我们在前面已经介绍了无声阅读的好处，这样不仅不会降低接受信息的质量，而且可以更好地帮助掌握文章的内容。

默读法训练的关键是以下“四个不能”。

(1) 不能“唇动”。

(2) 不能“舌动”。

(3) 不能“颌动”。

(4) 不能“喉动”。

练习时翻书的动作和眼睛的动作都要快，书页翻过之后眼睛要立即看到新内容。

默读法训练文章

独自飞上蓝天

1976年7月28日，在美国俄勒冈州的梅德福机场，从事航空工作25年的潘·帕特森遇见了一桩他从未碰到过的奇事：面前这个坐在轮椅里的年轻人麦克·亨德森，一个四肢瘫痪的人，居然想学驾驶飞机。

帕特森瞟了一眼亨德森的四肢，他的大腿软弱无力，根本无法使用尾舵踏板，又怎么能驾驶一吨多重的飞机呢？最让这位飞行员伤脑筋的是亨德森的手，他的五指虽在，但基本不能动。帕特森认为亨德森是不可能飞行的。然而是什么促使帕特森没有将想法直接说出来呢？也许是眼前这个年轻人的决心，以及那迫切的表情。无论如何，有某种东西在这位直率健壮的飞行员内心引起了共鸣。帕特森说："也许我可以教你，但按照联邦飞行条例，你必须具备自己上下飞机的能力。"帕特森说罢，朝不远处一架单引擎教练机努努嘴："我去准备一杯咖啡，如果我回来的时候你登上了飞机，那我们就算说定了。"

8 年前，22 岁的亨德森是一名海岸警卫队队员，他不幸从船坞上跌落下来，刚巧摔在一根漂浮着的圆木上，摔伤了第五根与第六根脊椎骨，致使他胸部以下完全瘫痪，手臂也没有多少活动能力。医生说他永远也站不起来了，没有别人的帮助就无法生活下去，但他却积极锻炼，期望恢复健康。

3 个星期以前，他被人抬着坐了一次飞机。当时他便想到自己可以学开飞机。他有时间，有特级抚恤金做学费。当时他主要担心自己是否有操纵飞机的能力。然而现在他才认识到，登上飞机的艰难也许不亚于驾驶它。他的身体还远远应对不了一架飞机，那驼峰似的座舱、宽宽的下翼在早霞中光彩夺目。

亨德森将轮椅靠近机身，一只手搭在机翼的后缘，另一只手支撑在轮椅上，尽力将自己撑了上去，然后转身面对着机身，用右肘挪动着，一点一点向驾驶舱移动。

帕特森在屋子里目睹这样了这一切，这真是令人难以相信。他说："简直是在机翼上匍匐前进，只能这样形容。他用了 45 分钟，当我走出去的时候，他正坐在驾驶员的位置上，血从磨破的肘部流出，舱内到处是血污。看到他经受了这样的痛苦，我知道没有什么能阻止他。"

但当帕特森送亨德森去联邦航空局做身体检查时，负责检查的医生——有资历的老飞行员戴维·斯托达德博士感到为难。他在电话里说："我的天，他身体能动的部分还不到 10％！"帕特森坚持己见，并问："如果我为这个学生的飞行技能做担保，那么您是否愿意与亨德森一同飞行，以亲眼见证？"医生同意了。

现在的一切都取决于帕特森和亨德森了，他们一起着手解决新出现的每一个问题。

利用毯子的摩擦可以使亨德森登上光滑的机翼，戴在头上的一套通信设备可以使他不必用手拿着无线电话筒。他们还把舵柄改成可以垂直移动的，这样亨德森就可以不用脚而用右臂来操纵不易控制的尾舵。让帕特森高兴的是，亨德森的手指越来越灵活，但帕特森担心他的力气不够，在大风时起飞和着陆无法将驾驶杆拉回来。亨德森倒想了个主意：为什么不做一个金属钩套在手腕上？这样放、拉不就都轻松自如了吗？

亨德森自己在家做第一个样品时，生铁把手腕磨破了。后来他又将医院的轻铝板与一只手套固定在一起，使用起来很是方便。

进行了几周的训练之后，帕特森便给斯托达德打了电话。斯托达德医生在机场目睹亨德森坐在轮椅上灵巧地围着飞机绕了一圈，仔细地进行飞行前的例行地面检查。在教练和医生都上了飞机之后，他又做了起飞前的仪表检查。几分钟后，马达轰鸣，飞机向跑道的尽头冲去，然后跃入蓝色的天空。

飞机对准了喀斯喀特山脉与锡斯基尤山脉之间的宽阔飞行通道，亨德森像他的教练一样灵巧地做了一个大角度转弯，然后回头对惊呆了的医生笑了笑，举起双手示意他完全是自己一个人在驾驶。

1976年11月14日，亨德森在空中飞满了20个小时。飞机稳稳地停下来后，帕特森跳下飞机，转身对麦克喊道："再飞两个起落，我在办公室等你！"单飞的时刻终于来到了，麦克用右手推上油门，松了手闸，调整一下方向，滑出跑道，几分钟之后他便飞上蓝天。

在1 000米的高度，亨德森感到一阵未曾有过的激动，他浮想联翩：这是我有生以来做过的最伟大的事情。帕特森在地面等待着。"怎么样？"他问。"简直像在梦中！"亨德森答。人的一生中有多少确实能为自己的安危完全负责的时刻？而亨德森现在就能做到这一点！

以后的几个月里，亨德森在斯托达德医生的帮助下成为第一个通过仪表鉴定获得民航机驾驶员执照的四肢麻痹患者。斯托达德医生说："是亨德森的意志使他出类拔萃，他的成功令人难以置信。”亨德森的教练帕特森则说：“去和亨德森飞一次，你就会理解他。”

记忆奇才鲍威森

斯蒂芬·鲍威森9岁时，就读了纽约州叙拉古斯主日学校，学校每星期都令举办一次背诵圣经章句的比赛。鲍威森对这项比赛毫不在意，直到因为不参加比赛而受到了责备。在一个星期日，他居然把整年的比赛章句全都背了出来，令人大感惊奇。鲍威森十几岁读预科学校时，选修了希腊文。有一次，老师指定一周后要背诵21行史诗《伊利亚特》。等那一小时的课上完，鲍威森已把21行都背熟了。接着，他又把《伊利亚特》的前100行都记住了。

鲍威森后来进入哈佛大学学习，选修希腊戏剧，但接着便将希腊文置之脑后。之后他取得了企业管理硕士学位，成为有执照的公共会计师，先后在几家国际公司工作，他和妻子艾丝特养育了5个孩子。1978年鲍威森担任美国史波丁运动器材公司欧洲区财务总监，后来公司把巴黎的办事处关掉了。于是，自大学毕业以来，60岁的鲍威森第一次有了空闲时间。

为了使头脑保持灵活，他重读《伊利亚特》，并且发现自己仍能背出前100行。

“我灵机一动，一个主意冒了出来，”他说，“我何不把全篇《伊利亚特》都背下来？”10年后，鲍威森已能背诵24卷《伊利亚特》中的22卷，不但在他那个年纪，就是任何年纪，这也是极难得的。一个六七十岁的老人居然能够记住这么多，实在令人惊讶，因为一般人都深信年纪越大记忆力便越差。鲍威森如此不凡的原因是什么？我们能从他身上学到些什么？

鲍威森的方法是把一本书读出来，录音，然后再诵读几遍，肯定自己明了每个字的字义。“同时，”他说，“我也试图想象自己身临其境。”

他把每一段都一读再读，然后反复重读每一行，直到记住为止。他每次背诵若干行，直到整段都记得滚瓜烂熟。熟记几段之后，他便一口气把它们背出来。他这样继续下功夫，直到把整本书都背完。有时他背诵腻了，便转而听他自己的录音带，这帮助他把所读的东西牢记在心。

鲍威森说：“我一旦记住了一本书，便会开始忘掉其他已能背诵的内容，因此每一本都必须重复记忆。”这样经过无数次之后，他对这些书便会铭记不忘。他把这种过程比喻为一再修补一个又一个漏水的桶，直到把所有的漏洞都补好为止。鲍威森是帮助科学家了解记忆力的一个好例子。

做多次短时间的练习比做一次长时间练习的功效更大。我起先以为鲍威森是每天一边喝茶一边读《伊利亚特》的，其实不然，他一有空便练习，包括在冲淋浴时或餐后等账单时。

人是从整体着眼去学习的，在这一方面，字的意义帮助了我们。鲍威森记住的并不是一些没有意义的音节，而是一个有清楚意义、有投入感的故事。

我们把新的资讯与之前记得的资讯联系起来，就能把它记住。象棋大师能够准确无误地记得每一步棋，是因为他明了下棋是一种每一步都互相关联的游戏，而不只是操纵一堆散布在棋盘上的棋子。

巧妙应用“助忆术”能帮助我们把资讯从“初级记忆”（如我们刚查得的一个电话号码）变为“次级记忆”（使我们后来仍然记得这个号码的记忆），包括儿歌口诀、将新的日期与旧的日期相互关联（如生日）及心理意象等。

另一种技巧是古典记忆法，指的是古希腊诗人西蒙尼德斯曾用的方法。据说，有一次他离开一场宴会后，那里的屋顶坍塌了，他通过回忆每个客人所坐的椅子断定丧生的人是谁。从此以后，人们便把家里的每件家具和一个需要记忆的内容“连接”起来。“你能以这样的方法记住《伊利亚特》吗?”鲍威森的儿子约翰有一次问。“我想不行。”鲍威森答道：“《伊利亚特》全篇有15 693行，而我家里没有那么多家具。”

关于记忆的一项耐人寻味的发现是“受状态支配的学习”。英国记忆专家白德雷说：“人在醉时所学的东西，在醉时记得最清楚；清醒时所学的东西，清醒时记得最清楚。”鲍威森并不喝烈酒，对葡萄酒也只是浅尝辄止。事实上，我们的记忆力在清醒的时候最强。

记忆的秘诀是专心，令人分心的事物能干扰记忆。例如，我们在人群中的，记性会比在只跟一个人说话时差一些。

有关专家认为，我们如果容易分心，则年纪越大就越难记住东西。人在四五十岁时记忆的负荷最大，记忆力也最容易衰退。要是有许多耗费时间的事情要办，那就要学会专心把事情逐一办完，而不要同时办几件事。

年纪较大的人常常会连最近刚发生的事情也记不住，那是因为他们没能把事情组织起来记忆。研究显示，大学生也常常会像年纪较大的人那样忘了东西放在什么地方，可是年轻人寻找东西的话能很快找到。“根据我的经验，练习是可以增强记忆力的，不管老少都如此。”鲍威森说：“我现在能用比最初少一半的时间把一页《伊利亚特》记住。我保持记忆的能力已经大大提高。”

鲍威森发现，如今他要记起并背诵某一段《伊利亚特》，需要的时间比以前长了一点儿。他说：“我16岁时，大概只用了我10％的记忆力。现在我的记忆力虽然只及过去的一半，但是我所用的可能达80％。”

情绪对记忆影响重大。考试时如果惊慌，读过的东西便可能想不起来。这就是说，记忆总是与强烈的情绪相关。人们在回忆自己的大学生活时，印象最深的往往不是功课，而是个人生活。

我个人认为，鲍威森当年之所以能迅速把教师指定要背诵的21行《伊利亚特》背熟，部分原因是这首史诗力量雄浑，给他的印象极深。“这是最伟大的史诗，”他说，“我对它的迷恋，44年来未曾减少。”

第二节　线式阅读法

阅读时，眼睛以一个词条或句子为注视单位，快速扫过去，尽量捕捉一个词组或一行文字，这就叫线式阅读法。

线式阅读法相对于常规阅读法广度更大，数量也更多，是由逐字逐词到逐行快速阅读的过渡。好好练习线式阅读法，可以为获得更高水平的速读技能打下基础。

以下是线式阅读的训练步骤。

（一）视点移动练习

练习时注意：视点根据图示方向（图 4-1、图 4-2、图 4-3、图 4-4、图 4-5）快速移动，把眼球练到灵活，头要尽量保持不动，每天坚持做 8 组至 12 组。

图 4-1　视点左右移动练习

图 4-2　视点快速移动练习

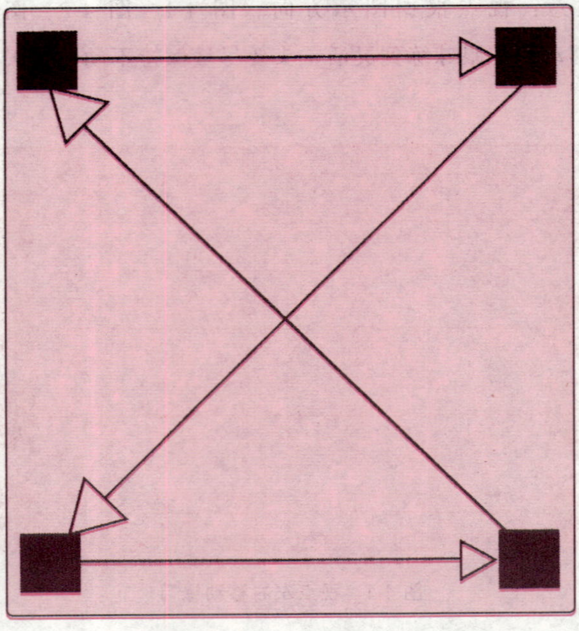

图 4-3　视点交叉移动练习

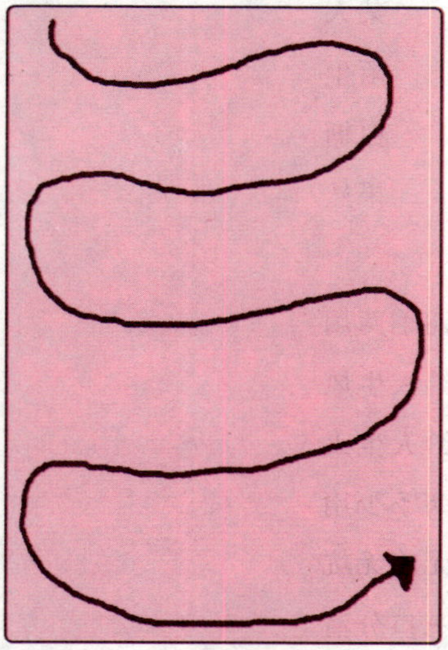

图 4-4　视点蛇形移动练习

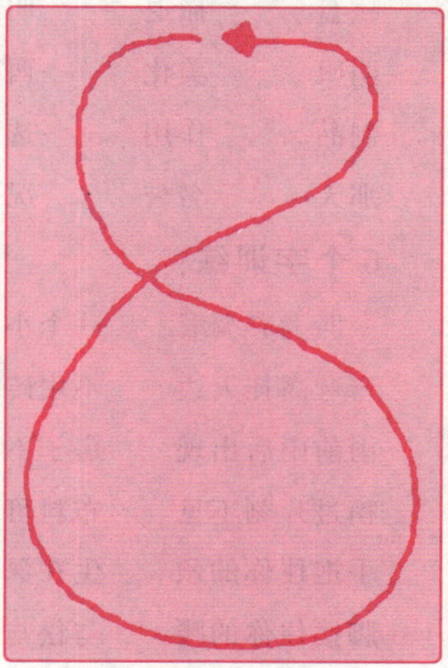

图 4-5　视点曲线移动练习

（二）文字直读移动练习

练习时注意：要循序渐进，从词语练习过渡到句子，最后到整篇文章。每次练习要记录所读字数和所用时间，以检查训练是否有效。在以后的训练中也要求计时阅读，以提高效率。

2 个字训练：

计划	看见	可怜	好感	客人
场面	美丽	品质	忽然	关于
马上	麻烦	我们	安排	于是
马上	因为	每人	门口	立刻
盼望	投票	刊物	历史	接着
公平	那时	道路	法律	规律
为了	完全	晚上	未必	喜欢
较为	机器	情景	逆差	眼睛
南纬	煤油	脑袋	是否	明确

磁盘	撤退	明朗	麻袋	某人
明矾	美化	西面	小康	陌生
制品	作用	选票	北纬	白糖
那天	名誉	况且	例外	果然

6 个字训练：

一匹七彩绸缎	一个小小工匠	一年四季两用
弯弯高挂天边	不用砖泥造房	夏天给人生风
雨前雨后出现	房子不留门窗	冬季给人生火
稍过片刻不见	布料可做衣裳	春秋两季少用
手抱住你的颈	生在深山幽谷	上面无底无坑
脚搂住你的腰	与松与梅好友	下有三口分清
雷公轰轰一响	劈成千条万缕	内有东风破阵
吓得它直流汗	夏季挂在门口	外有五指摇铃
我自一身清白	一个黑脸包公	四角方方一块
遇见对头黑脸	办案刚直方正	画上乌乌一片
聪明才智费尽	开堂铁面无情	白龙弯弯一走
落个粉身碎骨	断案黑白分明	脚印人人看见
心中甜蜜芳香	远看青龙利爪	细竹编成极薄
身上洁白如玉	近看黑虎尖牙	肚里文章十足
白沙滩口打滚	月明抛将出去	若有人来会我
清水池中淋浴	不用再往回拉	丁家山上耽搁
容纳万水千山	又黑又圆又亮	吃进麦穗一堆
胸怀五湖四海	没有嘴巴会唱	洒下金雨一片
藏下中外名城	风刚唱完一曲	粮食囤满如山
浑身绚丽色彩	扭过头来又唱	它却不知疲倦
一张大嘴紧闭	木匠挖我心肺	远看青山缈缈
两只耳朵竖直	人们打我头皮	近看湖水缥缥
碰见什么都吃	只因戏团演戏	黄绸带子捆腰

在家清清白白	别看名字消极	头戴大圆凉帽
出门脸上画花	其实却很积极	身在水底泥中
走遍千山万水	成天忙着劳动	有丝不能织绸
找到亲人说话	干活特卖力气	有洞不生蛀虫

文章训练：

科学史上的遗憾和悲剧

英国天文学家、物理学家、数学家爱丁顿一直希望他的理论像爱因斯坦和狄拉克那样得到人们的认同。但同时代的人对他的著作不感兴趣，觉得太过深奥晦涩，无法理解。爱丁顿感到孤独、灰心和失望。他在死前的几个月说："我不断思考为什么这个理论使人们感到深奥晦涩。但我要指出的是，尽管爱因斯坦的理论也被认为是深奥晦涩的，但是成百上千的人认为把他的理论解释清楚是有必要的。"

"我不相信我的理论比爱因斯坦狄拉克的理论更深奥晦涩，但是对于爱因斯坦和狄拉克，人们认为揭示他们深奥晦涩的理论是值得的。我相信，当人们不得不用同样的态度对待我的时候，他们将完全理解我。到那时，'把爱丁顿的理论解释清楚'将变得很时髦。"

权威不识天才真面目。被后人称为集合论创始人的乔治·康托尔，他的集合论一经提出，便招来一些权威人士的极力反对，尤其是他的老师利奥波德·克罗内克。这位著名的数学家年长康托尔22岁，却用十分刻薄的语言侮辱康托尔10年之久。康托尔的学术论文不能发表，他想在柏林一所大学任教也未能如愿。最后他身心受到摧残，精神失常，晚年只能在精神病院中度过，并且在那里死去。

19世纪20年代，挪威青年阿贝尔发现了阿贝尔积分。尽管这一著名积分解决了法国著名数学家勒让德苦苦思索40年未能解决的问题，但它却未得到当时的数学权威高勒、柯西，甚至勒让德本人的支持。在这些权威人士看来，像阿贝尔这样名不见经传的小人物怎能闯进他们的"领地"？所以他们将阿贝尔的发现打入"冷宫"。命运对阿贝尔实在不公平，他最终在贫困中病殁。

相似的事情还有很多。英国青年亚当斯数次求见格林威治天文台台长艾里，结果遭到拒绝，使他失去了预言太阳系存在新行星——海王星的优先权。苏联物理学家朗道对下属提出的宇宙不守恒见解进行嘲笑，结果使他们失去了重大发现的机遇。当拉瓦锡发现氧之后，信奉燃素说的权威人士竟长期不愿接受“氧”这个新名词，尽管他们无时不在呼吸。欧姆发现了电阻定律，德国一些权威人士长期不给予承认，原因是欧姆不过是科隆基督学校的一位普通数学教师。孟德尔的遗传定律公开发表后，被一些权威人士抵制了 34 年之久，其原因除了他的数学统计研究方法不被人理解，最主要的是孟德尔是一个修道院的教士。巴斯德提出细菌理论，遭到医学界的强烈反对。原来巴斯德是位化学家，怎能闯入医学家的领地？李斯特发现的消毒法无人问津，原因是在众多权威人士看来，他只不过是不值一提的“土包子”。

奥地利科学家埃伦哈夫特在测定电子电荷实验中，将自己的全部数据一同发表，而另一位美国科学家密立根，从埃伦哈夫特 140 次观察数据中挑选出他认为“漂亮”的 58 次数据公布于众。结果，前者在科学竞争中失败，以致精神崩溃；后者得到世人承认，获得 1923 年诺贝尔物理学奖。

1912 年，英国自然历史博物馆地质部鱼类化石权威伍德华德，贸然相信所谓“皮尔唐人”原始头骨化石，还把它在伦敦地质学会上展出，并宣称最早的人类是英国人。之后，一些英国科学家认为“皮尔唐人”是从猿到人这一达尔文设想的过渡形态。四十多年后这一骗局的真相才被公布于众。

1986 年 4 月，诺贝尔生理学或医学奖获得者美国生物学家巴尔的摩及其助手，在美国《细胞》杂志上发表了令人震惊的成果，说他们的发现解决了分子免疫学的一个重要问题。1 个月后，有人披露他们的动物基因实验中对一些关键实验从未做过，后来美国国会组成的专门委员会历时 5 年，才彻底查清这一被后人称为“巴尔的摩事件”的真相，并在英国《自然》杂志公开揭露真相。

公元 2 世纪，埃及亚历山大的托勒密，从罗得岛的喜帕恰斯那里偷来一些科学资料与科学发现，提出了原属于喜帕恰斯的预报行星方位的系统。这种地球静止不动的思想曾支配人类的宇宙观达 1 500 年之久。直到今天，许多教科书还在肯定托勒密的这一所谓贡献，却很少提到罗得岛那位天才的喜帕恰斯。

曾经是小人物，后来成了权威人士，却反过来压制后来人的例子，最典型的莫过于赫尔姆霍茨了。当他还是一位不知名的青年生理学家时，他的第一篇关于能量守恒原理的论文被资深主编波根道夫退回，理由是缺乏实验依据。正因为有此经历，赫尔姆霍茨曾对法拉第的不幸表示同情。然而，当德国物理学家普朗克于 1878 年向慕尼黑大学提交博士论文时，赫尔姆霍茨同其他人一起，对普朗克关于热力学第二定律的新思想加以反对、嘲笑与抵制。普朗克后来说，赫尔姆霍茨、克劳修斯等人都对他的论文不感兴趣，与他们通信联系也无结果。对此，普朗克发表了痛苦结论："新的科学理论不是靠说服反对者而获胜的，它最后的胜利是由于反对者们终于死去，而赞同它的年轻一代成长了起来。"

第三节　扫读法

扫读法又称扫描法，是一种面式阅读法，要求一眼看几整行文字，抓住所读材料的系统和脉络，寻求所需的内容。它是一种高级的阅读方式，人们平常读报纸新闻时用的就是扫读法，在阅读书刊目录时也可使用这种方法。使用扫读法，可以费时不多地“读完”大量书籍和报刊，开拓自己的阅读范围，增加读书的数量。这种方法适用于大量寻找信息和资料。在阅读中，切记不要因为担心理解程度而回视倒读，实际上正确的速度与理解度是成正比的，一定要纠正这种错误的认识。

我们可以通过一些正面的练习来训练快速扫读的能力，不做不必要的停顿、回视倒读。改掉那些错误的习惯，你可以在一瞥之间获得最大限度的信息。

具体操作如下。

用手盖住下面的每组字母，不断换读，用最短的时间扫读，一组一遍。然后在旁边的横线上写出你所见过的字母组合，并检查对错，一组一组地做。各组的字母数是逐次递增的，从 3 位到 8 位。

1. BAC ______　ABC ______
   CAB ______　CBA ______
   CAB ______　ACB ______
2. ABCD ______　BACD ______
   CDAB ______　ADCB ______
   BCAD ______　DBAC ______
3. ABCDE ______　CABDE ______
   ACBDE ______　BEACD ______
   EBACD ______　CDEAB ______

4. ABCDFE ______ BADCEF ______

CDEABF ______ FBACED ______

BCADEF ______ CADEFB ______

5. BACDEFG ______ ACBDGEF ______

CDAFGEB ______ BEDABCF ______

EGFCABD ______ ECFGBDA ______

6. CABFGEAD ______ ABDCEGFH ______

BCDEAFGH ______ GEFHCABD ______

BCDEAFHG ______ BEAFGHCD ______

怎样扫读一本书：

（1）浏览前言：了解作者的写作思路、背景及主要观点。

（2）通读目录：了解作者论述的问题及内部的层次。

（3）扫读章节的标题：根据章节的标题扫描作者的主要观点、论据。

（4）抓住重点：在一页中扫描最关键的词语。

（5）看结束语：看一遍结束语，对全书的内容做出自己的判断，提出自己的看法。不同的读物运用不同的扫读方法。

读杂志，可以从通读目录开始，选择自己需要的文章读，对其他的文章极快地扫描。

读单篇文章，第三步可改成“记住标题，了解作者，辨清体裁”，其他各步基本相同。

读记叙性文章参照上述过程，只不过要着重抓住主要人物、主要情节，进而掌握主要内容和主题思想。

读报纸，首先选择重要报纸，其次读完最重要的文章，最后扫读其他报纸、文章，从中撷取所需要的东西。

读教科书、参考书，因为它们的重点并不多，一页中只有 2 个至 5 个，所以要紧紧抓牢重点，其他辅助性、说明性的内容略读。

扫读的作用：

扫读法最显著的特点是将目录先横后纵快速扫描，只扫描最关键的词语。它不但不影响人们的理解程度，而且让人们的阅读的速度变得很快。它的优点：一是人们一打开书就能发现人名、论点、主要论据等，对内容一目了然；二是解决了阅读内容多与时间少这一对越来越尖锐的矛盾。在当今知识爆炸的时代，扫读法在工作和生活中会得到越来越多的运用。

扫读法训练文章

再立下另一个目标——写给女孩子的信

当所有目标都完成的时候，也就是你们蜜月结束的时候。

尼克·亚历山大最渴望达到的目标是上大学。他在孤儿院长大——那是老式的孤儿院，孤儿们从早五点工作到日落，伙食既差，又不够吃。

尼克是一个聪明的小孩——太聪明了，因此 14 岁就从中学毕业。后来，他进入社会谋生。

他的工作是在一家裁缝店里操作一台缝纫机。14 年来，他一直在那种环境中工作；接着，那家裁缝店加入了工会，工资提高了，工作时间缩短了。

尼克幸运地娶到一个女孩子，她愿意帮助他实现上大学的梦想，但这可不容易。在他们结婚之后没多久，也就是 1931 年，店里开始裁员，于是他们这对年轻的夫妇决定自己闯天下。他们把存款聚集在一起，开了一家“亚历山大房地产公司”。尼克的太太特丽莎甚至把订婚戒指卖掉了，以增加他们那笔小小的资本。

在公司成立的两年之内，他们生意兴隆，于是特丽莎坚持让尼克去上大学。尼克在 36 岁的时候得到了学位，这是他人生道路上的一个里程碑。

尼克又回归房地产事业，成为他太太的生意伙伴。他们又有了一个新目标——在海买的一幢房子，后来，他们终于实现了这个梦想。

他们这对夫妇就这样轻松下来了吗？没有。他们有一个小女儿要教育。如果能把他们商业大楼的分期付款缴清，把大楼变成公寓出租，收到的租金就能支付他们孩子的大学费用了，因此，他们一心一意要达到这个目标，他们最后做到了。

特丽莎告诉我，他们目前正在为退休保险金努力。现在尼克单独主持事业，特丽莎则照顾，他们的家。

这对夫妇过着一种忙碌、幸福、成功的生活，因为他们面前总是有一个目标，使他们有一个努力的方向。他们已经发现萧伯纳这句话的真理："我厌弃成功。成功就是在世上完成一个人所做的事，正如雄蜘蛛一旦授精完毕，便被雌蜘蛛刺死。我喜欢不断进步，目标永远在前面，而不是在后面。"

许多人一辈子迷迷糊糊，因为他们没有目标。他们只活在一个空间里，过一天算一天。那些从人生中收获最多的人，都是警觉性高，积极等待着机会，机会一到马上就能看出来的人。他们都有一个确定的目标。

在长期计划上，最好是把每五年当成一个阶段。你可以这样计划：在5年内，拿到大学文凭，准备好升迁；在10年内，升为小主管。

一位顾客说："我希望丈夫永远不会因感到自我满足而停滞下来。我们结婚5年了，每年都有一个目标。先是他的学位；接着是讲修课程；然后是一年的自由投稿工作；现在是他自己的事业。等到他告诉我他的钱足够了、教育够了、经验够了，我就知道蜜月已经结束了。"

古语说："无论你抓在手里的是什么，别忘了最终的结果，那样你就不会失去什么了。"

一个目标达到之后，马上立下另一个目标，这是成功的人生模式，因此我们要不断地追求新的目标。

关于《龙的传人》的传说

在中国远古神话传说中，除了"燧人氏钻木取火"的传说，较为有名的就是"伏羲做八卦"、"女娲黄土做人""女娲补天"等神奇的传说了。伏羲和女娲作为远古时代中华民族文化的代表，在真正远古时代人们的信念中，都是巨大的龙蛇。西晋皇甫谧《帝王世纪》中写道燧人氏的时代，诞生了伏羲，他有人的头伏羲和女娲蛇的身。又写道女娲氏承袭了伏羲氏的制度，也是人的头、蛇的身子。郭璞注的《山海经》写道："女娲是古时的神女，她有人的脸面、蛇的身子，一天当中有七十次变化。”“女娲”的名字最早出现于《楚辞·天问》中，屈原问到：女娲用黄土制作了人类的身体，而她自己长着人的头、蛇的身子，而她一天七十次变化的身体又是如何造就的呢？东汉王延寿在《鲁灵光殿赋》中也写道：“伏羲麟身，女娲蛇躯。”

在汉代石刻画像和砖画中，常有人面蛇身的伏羲、女娲像，形象地说明伏羲、女娲是一双巨大的龙蛇。

而且，更有趣的是，在中国上古神话传说中，许多“神”也是“人首蛇身”或“龙形”。在《山海经》中，共工、相柳是人面蛇身，雷神、烛龙（烛阴）、鼓等都是龙身人头，而轩辕国中每一个黄帝子孙也都是“人面蛇身，尾交首上”。春秋战国时期的《竹书纪年》中说，属于伏羲氏系统的长龙氏、潜龙氏、居龙氏、降龙氏、上龙氏、水龙氏、青龙氏、赤龙氏、白龙氏等。闻一多先生在《伏羲考》一文中，“将山海经里所见的人面蛇身或人面龙身的神列一总表”，并指出，作为中华民族象征的“龙”的形象是以蛇身为主体，“接受了兽类的四脚、马的毛、鬣狗的尾、鹿的脚、狗的爪、鱼的鳞和须”。

可见，这条巨大的龙其实就是远古时代中国大地上许多氏族、部落联盟的一个共同的图腾、符号和标志。图腾，是原始人崇拜的某种动物、植物、无生物或者自然现象。他们认为这些“神物”是自己的祖先或保护者，他们这个氏族就是从这种神物衍生出来的。中国最重要的“神物”——龙，就是蛇的图腾化。最早的龙就是有角的蛇，以角表示神异性，甲骨文、金文中所见的龙字都是如此。

原始人对于他们的图腾是极端崇拜的，所以在远古时代的神话传说中，众多的“神”都是“龙蛇”或“龙蛇后裔”。《路史·后记》注引《宝椟记》说，天帝的女儿在华胥之渊游玩，感蛇而怀了孕，经过十二年生下了伏羲。”

“在野蛮期的低级阶段，人类的高级属性开始发展起来。……想象，这一作用于人类发展如此之大的功能，开始于此时产生神话、传奇和传说等未记载的文学，而业已给予人类以强有力的影响。”（马克思：《摩尔根〈古代社会〉一书摘要》）这种人类由原始图腾崇特积累起来的迷信为后来的封建统治者所利用，而“龙”的形象也就成了在中国这块土地上统治的象征。天子的礼服上画龙，称为“衮龙袍”、天子的仪仗有龙旗，起居处叫“龙庭”，坐的位置叫“龙位”。

《史记》中刘媪感龙而生下了刘邦，这一类有关“龙种”“真命天子”的神话传闻史不绝书。这是古人对龙蛇图腾崇拜的一个表现。

但是，更为重要的一个发展方面却是中国远古时代对龙蛇图腾的崇拜，作为一种共同的观念和意识形态，“它们浓缩着、积淀着原始人们强烈的感情、思想、信仰和期望”（李泽厚：《美的历程》）。这种观念也的确是中华民族的民族感情，经过历史的积淀、蕴蓄，贮藏得越久也就越炽烈，历久而不衰。古人对龙蛇图腾的崇拜，终积淀成为中华民族的传统、民族精神体现，这个民族传统也就成了中华民族的象征。

流传至今的春节期间耍龙灯（龙舞），其实正是由这种对龙蛇图腾的崇拜演化而来的。20世纪上半叶，有的地方还有舞龙祈雨的风俗。今天，龙舞则象征着代表中华民族悠久历史的巨龙腾空而起，展现出矫天健捷、崛起奋飞的雄姿。

惊人的现代战争消耗

资料表明，现代步枪的理论射速已达1 000发/分，比第二次世界大战初提高了60倍以上；双管联装高射机枪的射速达2 000发/分，比20世纪初提高了200倍以上；一个现代普通陆军师大炮齐射所耗的弹药量比第二次世界大战提高了30倍以上。由澳大利亚人迈克·奥德怀尔发明的名为“金属风暴”的机枪，测试射速高达13.5万发/分，比世界上现有射速最快的机枪高出20倍。

国外一些军事专家估计，在战争史上，每当主要作战武器更新一代，弹药耗费量就要以25％的比例递增。这一耗费特征随着高技术武器不断加入战场，表现得更为突出。例如在第四次中东战争开战的第一天，埃及军队53分钟的火力急袭，就耗费了3 000多吨弹药；以色列军队的日耗弹药量高达9 000吨，使战前储备的弹药只能维持10天的作战。开战的前3天，仅埃、叙两军发射的地空导弹量就相当于当时北约在欧洲的总储备量。

当然，战争耗费的不仅仅是弹药，还有诸如油料、通信、食品、医疗、运输、技术保障等多元化的耗费。为仅打了 18 天的第四次中东战争，交战双方直接耗费就达 108 亿美元，平均日耗比第二次世界大战高出十多倍。一些外国军事专家评论这次战争时曾说：“中东战争中各个发展阶段的进程和结局表明，在某种意义上说胜利是物资保障的成功，失败是物资保障的失利。”

在马尔维纳斯群岛战争中，两个月内英、阿双方的战争直接耗费近 100 亿美元。其间，英军消耗的弹药约 1.5 万吨，平均日耗费 200 多吨，日人均耗费 400 多千克。英军派往马尔维纳斯群岛的特混舰队，仅燃料一项就耗费 6 000 多万美元。对此，一名英国记者曾生动地描述说：“要想计算这场战争的费用，就如同在一家高级餐馆进餐时面对没有标价的菜单那样无底。”当年，撒切尔夫人也曾深有感触地说：“英国人现在已经懂得现代战争（耗费）的可怕了。”

然而，无论是“中东式”还是“马岛式”，或是“利比亚式”“两伊式”等局部战争，若与“海湾式”相比，其战争耗费则是“小巫见大巫”了。只有 42 天的海湾战争，以美国为首的多国部队共耗费 670 亿美元，其中美军耗费 611 亿美元，平均日耗近 15 亿美元。这一数字创下战争史上平均日耗的最高纪录。第二次世界大战的平均日耗仅为 0.5 亿美元，美军在越南战场上的平均日耗也只有 2.3 亿美元。不仅如此，海湾战争还使中东六国损失了 8 000 亿美元，其中伊拉克损失总量高达 4 000 亿美元，使其社会经济倒退了 20 多年。海湾战争耗费如此巨大，原因就在于它是一场发生在 20 世纪 90 年代最典型的高技术局部战争。因此，所呈现的高消耗、高损失的特征也是史无前例的。

首先，高技术武器装备含量高，使单位体的平均日耗物资直线上升。20 世纪 50 年代朝鲜战争时，美军单兵的平均日耗物资为 29 千克；20 世纪 60 年代越南战争时，美军单兵日耗物资为 117 千克；而海湾战争中，美军地面作战部队的单兵日耗物资为 200 多千克，海军航母编队的单兵日耗物资则达 1 380 千克，分别比第二次世界大战高出 10 倍和 69 倍。从整编部队的平均日耗物资来看，第二次世界大战时，美军 1 个步兵师在进攻战斗中平均日耗物资为530吨，1个装甲兵师为590吨；在越南战争中，美国1个陆军师的野外军事行动的平均日耗物资为650吨，而海湾战争中的美军1个步兵师的进攻战斗，平均日耗物资则高达5 200吨，一个航母战斗群的平均日耗物资竟为2万余吨。

其次，高技术武器作战强度高，使战争直接耗费与损失倍增。在42天的海湾战争中，多国部队投入的飞机为2 780多架，共出动11.2万架次，平均日出动为2 600多架次，投弹万余吨，耗油4.5万吨，再加上日耗零配件等物资，1天耗费物资达3.4万吨，价值10亿多美元，且每天还要有5万～6万人次为其完成技术保障任务。美军对伊拉克的空袭强度之高，大大超过了朝鲜战争和越南战争时的程度。美国在3年的朝鲜战争中投弹量为68万吨，平均月投弹量为1.8万多吨，而海湾战争第一天的前3个小时美军就投下1.8万吨各类炸弹。在8年的越南战争中，美军共投弹750万吨，月均投弹7.7万多吨。仅42天的海湾战争，美军就投弹50余万吨，月均投弹为35.7万吨，其月投弹量相当于朝鲜战争的19倍、越南战争的4.6倍。由于作战强度高，所造成的损失也十分惊人。据不完全统计，美军的空袭使伊拉克75％的通信系统被摧毁，60％的指挥机构被破坏，44％的机场不能使用，75％的防空系统瘫痪，战略后方的军工厂、化工厂、核工厂、炼油厂、油井等生产设施几乎全部被毁坏，200多个弹药、油料、给养等储存库被摧毁，底格里斯河和幼发拉底河上的36座桥被炸垮了33座，直接被摧毁的武器装备有飞机215架、装甲车2 400辆、坦克3 500辆、大炮2 600多门、舰艇143艘等。

最后，高技术武器造价昂贵，使战争耗费大增。例如：1枚“爱国者”导弹价值110万美元；1枚“战斧”式巡航导弹价值135万美元；1枚“麻雀”空空导弹价值169万美元。海湾战争中，美军共发射各类导弹5 500多枚，平均日发射130多枚，仅导弹一项1天耗资就近亿美元。

高技术战争的直接物资耗费猛增，使间接保障的经济负担必然加重。为了保障美军在海湾地区的作战，美国政府有80多个经济和技术部门为其筹办作战物资和装备器材，有38家航空公司、几十家海运公司及7个州的铁路部门保障运输，全国1/3的企业为其生产价值为284.6亿美元的物资及装备，有73家公司为其生产提供80多亿美元的食品及被装、药品等，美国政府还从英、法、德、日、加等几十个国家的80多家公司采办了数十亿美元的物资，租用大量外国商船运抵波斯湾。这一切都以金钱为依托，可想而知，它对社会经济的冲击该有多么严重。

至此，人们清醒地意识到，要想赢得高技术局部战争的胜利，必须有强大的经济实力作为后盾。一些国外军事理论家认为，“在现代战争中，胜利不仅是在战场上缔造的，同时也是在工业企业中缔造的”，“下一次战争，与其说是军队与将军之间的冲突，毋宁说它是工厂与技术家之间的冲突”。这使人们想起马克思早就指出的：暴力本身就是一种经济力。

战争，是吞噬社会财富的恶魔，在相当长的历史时期内还不能让它“寿终正寝”，这实在是人类的一大悲剧。

第四节　面式阅读法

面式阅读法是指阅读时把一行或一段文字（甚至整页文字）作为眼睛停留注视的一个单位来进行认知理解的一种阅读方法。面式阅读法的最大优点是一次眼停感知的字量大，阅读速度快，它是在快速阅读训练有一定成效的基础上进行的一种更高级的训练。

运用面式阅读法，要注意目光运动的路线。在以页为单位进行阅读时，眼球应注视书页的中心，余光要遍及整页；在以段为单位阅读时，目光应沿着书页的中心线由上往下垂直移动。这种阅读法可以把书页中心两侧的文字置于整个视力范围之内，提高视线的有效范围，还可以避免目光的左右往返扫视，缩短目光运动的路线，从而保证快速阅读。

运用面式阅读，每次眼停接收的文字信息多，但不应不加选择地全部接收。面式阅读法同其他快速阅读一样，都是要获取有用的信息，理解的重点应该是文章的精华部分。因此，面式阅读法应与其他快速阅读法结合运用，在阅读时积极思考，利用有关的句群知识、段落知识、文体知识及关键词语，进行联想、猜读，敏捷地做出判断，这样才能快速掌握文章的主要内容，取得理想的阅读效果。

面式阅读的训练一定要扎扎实实，循序渐进，训练的字数由少到多。只有反复训练才能收到显著效果。

训练开始时，由一目二三行到一目五六行，再到一目十行，最后应达到一目一页的技能水平。

自制训练表范例：

9 个字训练：

天才就 是勤奋 的结果	同心而 共济始 终如一	好学不 倦者必 成大才	朋友间 必须患 难相济	不以人 所短弃 其所长
不思而 言如无 的放矢	胜利属 于最坚 韧之人	将在外 君命有 所不受	胜利在 最后的 五分钟	天才是 用劳动 换来的
背上的 灰自己 瞧不见	越自夸 越像是 在撒谎	人之大 幸莫过 于自足	气忌就 心忌满 才忌露	生活便 是寻求 新知识
学问无 大小能 者为尊	商品优 良则顾 客自来	久饮茶 可以轻 身换骨	一万年 太久只 争朝夕	以身许 国何事 不敢为
想象支 配着整 个世界	严守时 间为经 商之本	自然就 是良好 的医师	人是要 有一点 精神的	劳动好 文化好 政治好
穷则变 变则通 通则久	没有节 奏的便 不是诗	我爱我 师我更 爱真理	读书是 我唯一 的快乐	星期天 上帝也 不休息

36 个字训练

没有信仰，则没有名副其实的品行和生命；没有信仰，则没有名副其实的国土。	我从来不把安逸和快乐看作生活目的本身——这种伦理基础，我叫它“猪栏的理想”。	不满烦闷，应该使我们更坚决地奋斗，不应该使我们去逃避困难，一叶障目。

成为天才的决定因素就是勤奋。天资的充分发挥和个人的勤学苦练是成正比的。	节省时间，也就是使一个人的有限的生命更加有效，这样就等于延长了人的生命。	艺术的大道上荆棘丛生，这是件好事，常人望而却步，只有意志坚强的人例外。
只有知识，才是构成巨大的财富的源泉，既使土地获得丰收，又使文化繁荣昌盛。	读书是我唯一的娱乐，我从不把时间浪费在任何一种恶劣的游戏上。	学习切忌好高骛远、急于求成，学得不扎实，想要学得快些，但结果反而慢了。

49 个字训练：

人们最出色的工作往往是在处于逆境的情况下顶着思想的压力完成的，甚至肉体上的痛苦也可能成为精神上的兴奋剂。	每一本书是一级小台阶，我每爬上一级，就更脱离畜生而上升到人类，更接近爱好生活的观念，更热爱这本书。	绝不能相信一时表现出来的英勇气概，而应该相信在大量的日常工作中表现出来的最持久、顽强、难得的英勇精神。

伟大的成绩和辛勤的劳动是成正比的，有一分劳动就有一分收获，日积月累，从少到多，就能创造奇迹。	我们是世界上最坚定的理想主义者，也是世界上最坚定的行动主义者，我们是世界上最坚定的行动与理想的综合者！	我有我的人格、良心，不是钱能买的。我的音乐是献给祖国，献给劳动人民大众的，为挽救民族而服务。
任何时候，我都不会满足，越是多读书，就越是深刻地感到不满足，越感到自己知识贫乏，科学奥妙无穷。	真正的朋友不把友谊挂在口头上，他们并不是为了友谊而相互索取一点什么，而是为对方做一点办得到的事。	人，不管是什么人，都应当从事劳动，汗流满面地工作，生活的意义和目的、幸福和欢乐就在于此。

一目百字以上短文训练：

(1) 训练计时阅读，增强时间观念。

速读的基本训练方法是计时阅读。计时阅读使学生思想高度集中，让阅读成为一种快速高效地摄取、筛选与储存知识信息的过程。训练时准备好阅读材料，待教师提出阅读某篇文章或某一段落的要求后，学生开始阅读。同时，教师在黑板上随时记下阅读的时间，每 10 秒钟记一次。学生读完即举手示意，并根据黑板上显示的时间记录，记下自己所用的时间。读完文章马上把课本合上，凭借第一遍阅读的理解与记忆回想文章内容，回答教师提出的问题。计时阅读训练应贯穿整个速读训练的始终。

(2) 大带小，大更好。

美国佛罗里达州立大学的一项调查显示，阅读能力不强的高中生只需充当低年级学生的补习教师，便可在短期内显著增强他们的阅读能力。

高中生在接受9个月试验后，阅读理解能力得到增强，相当于没有参加试验计划的人两年时间才能达到的水平，他们的阅读水平相当于一年零四个月才能达到的水平，他们的语汇技巧及对阅读的态度亦有所改善。

佛罗里达州立大学的研究人员希夫鲍尔说："学习指导低年级学生，有助于高中生在没有压力的情况下提高自身阅读技巧。"

该校开展的活动叫"人人阅读"，目前已进行到第二年。根据高中生在佛罗里达州理解评核测验尺度（分数为100分至500分）中得分低于300的学生，获选参加这项计划。

充当幼儿园学生或小学一年级学生补习教师的高中生，用大部分时间给小朋友朗读故事并讲述字母及生字；充当小学六年级学生补习教师的高中生，则需要设计文字游戏、制订课程计划，并讲解较为复杂的概念，如前缀、后缀及音节等。研究人员说，计划之所以成功，部分原因是它令学生建立自信。

一目一页文章训练

牙齿上的"年轮"

从古人类学角度来看，早期人类的某些特性很容易根据化石记录推测出来，而另一些特性，如首次生育的时间或青春期的长短等则很难推测。由于这些特性对于研究人类进化的历史十分重要，科学家不得不仔细寻找线索以解开谜团。后来他们终于发现某些生物特性如脑的大小、首次生育的时间和寿命等与牙齿的生长有密切联系，研究原始人的牙齿化石可以为了解这些生物特性提供宝贵的线索。

牙齿外露的部分称为牙冠，上面覆盖着一层高度钙化的半透明物质，也就是我们常说的牙釉质或珐琅质，这就是揭开生物生长发育秘密的关键所在。像树的年轮或贝壳一样，牙釉质是一层层增加的，分泌这些物质的细胞每天活动的微小变化都以细微线条的形式记录在牙冠上，成为记录生物成长的“年轮”。研究人员比较了人类进化的不同历史阶段的13个牙齿化石样品，发现400万年前的更新纪灵长目人、能人和直立人的牙釉质和牙冠的形成速度与古代猿更为接近，只有一颗12万年前的尼安德特人牙齿的“年轮”与现代人类相似。论文的主要作者之一、美国宾夕法尼亚大学古人类学家阿兰·沃克说：“我们目前还不能肯定尼安德特人有青春期，但至少这是个分水岭。”

尼安德特人属于早期智人，生活在距今4万至30万年以前的旧石器时代中期，因为考古学家最早在德国杜塞尔多夫附近的尼安德山谷发现他们的化石而得名。尼安德特人被认为是最早的智慧人类，他们的脑容量比直立人大许多，而且能够制造细小的尖状石器和刮削器，会使用火，甚至会埋葬死者，这与直立人相比有了巨大进步。

青春期是人类大脑发育的要求

沃克和他的研究小组认为，尼安德特人开始出现青春期并不是偶然现象，而是大脑发育的要求，这可以给他们更多的时间学习。直立人从食物丰富的非洲来到当时十分寒冷的欧洲，生存受到了严重威胁。为此他们不得不发明更先进的工具以用于狩猎，而且需要与同伴进行更密切的合作。这些都对他们的大脑提出了更高要求，这一点从尼安德特人的脑容量急剧增加就可以看出来。

现代人类的发育过程也能证明这种观点。青春期是现代人类大脑发育的第二个高峰，这个时期大脑对人体的调节功能增强，分析、判断和推理能力大大提高；大脑容量也迅速增加，并在17岁前后达到高峰，大脑中负责计算的灰质也在青春期结束时达到顶点，然后开始减少。

可以说，无论是在人类的进化过程中，还是在现代人类个体的成长过程中，青春期都起着举足轻重的作用。

鸟类体形越肥胖飞行效率反而越高

研究显示，胖鸟比瘦鸟飞行效率高。在人们正为天空中出现数百万只鸟儿感叹时，欧洲的科学家却从这一奇观中发现了一个看起来令人费解的现象：鸟类越肥胖，飞行效率反而越高。

科学家做了这样一项研究：他们抓来4只成年的鸟，并训练它们在风洞里飞行。科学家根据当前主流的空气动力学理论预测，随着身上负荷的增加，鸟用以维持飞行的动力也将会剧增。但研究结果却与之大相径庭。

对鸟类来说，当身上的负荷变得很沉重时，其飞行所需耗费的体能要比科学家所设想的少得多。

瑞典伦德大学的安德斯·凯维斯特说："这是我们第一次对鸟类体重与飞行所需动力之间的关系进行研究，结果令人深感意外。"安德斯·凯维斯特的研究报告发表在最新一期的《自然》杂志上。

研究者发现一年迁徙两次的鸟类每次在出发之前都会将体重增加1倍，然后它们会从不列颠群岛一直不停地飞行5 000千米，抵达俄罗斯北部。

《自然》杂志还刊登了另一项研究报告：研究者让鹈鹕紧随一辆摩托艇和一架轻型飞机不断飞行，飞行过程中鹈鹕始终保持"V"字队形，根据空气动力学原理，借助头鸟所形成的空气流，其他鹈鹕可以大大节省体能，之后研究者对所节省的体能进行了计算。

法国国家科学研究中心的亨利·维莫斯克奇及其同事的研究表明，编队飞行的鸟的心律要比单独飞行的鸟低14.5%。

鸟类研究者说，这些发现解释了为什么鸟儿能够完成如此艰辛的迁徙。

研究表明，鸟类增加自身的脂肪，在迁徙途中将脂肪当作燃料释放出来，比为支撑这些多出来的重量而耗费额外的体能更有价值。很明显，体重大的鸟能够更有效地利用它们的体能。

英国利兹大学的动物学家杰里米·雷纳说："这仍是一个不解之谜。"

雷纳说："一段时间以来困扰我们的一个关键问题就是鸟类飞行到底需要消耗多少体能。一只鸟究竟是如何让这样一个看起来非常基础的物理理论变得无法成立的呢？总有一天我们会找到答案，但目前答案尚不明朗。"

第五节 跳读法

跳读法是跳跃式的阅读方法，即在阅读有意识地跳过一些东西，通过省略次要信息来加快大脑对文字的反应速度，使阅读与思维同步进行。根据跳动的幅度和略去不读的部分，跳读又可分为标题跳读法、重点跳读法、语句跳读法、首尾句跳读法、选择跳读法、语法词跳读法等。

跳读部分的选择主要根据阅读的目的决定。例如，读一本新书，只看序言、目录和内容提要，然后跳读有关内容，不必细读全文，或者跳读章节的标题和书中的重点标记、开头句和结尾句。总之，以达到自己的阅读目的为准。

跳读法训练文章

科学幻想之父

在19世纪80年代的一天，一位身材高大，长着红色胡须的人来拜访法国教育部长。负责接待的人一看见他的名片，马上满脸笑容，搬过一把椅子并说道：“凡尔纳先生，您跑过那么多的地方，一定很累了，请坐吧。”儒勒·凡尔纳确实应该是很累了。他多次环绕地球，有一次用了80天，他在海底航行过数万里，到过月球，在地心探过险，曾和非洲、委内瑞拉的原住民谈过话。世界上几乎没有这位作家没到过的地方。

可是儒勒·凡尔纳却是一个不出家门的人。如果说他累了，那只不过是由于写字太多而手指痉挛罢了。40年来他坐在亚眠（法国北部一城市）的家里年复一年地挥笔写作，每6个月就能写出一本书。

凡尔纳是一个对未来事物有伟大设想的作家。他在无线电发明之前就已经想到了电视，他给电视起了一个名字——“有声传真”。他在莱特兄弟造出飞机半个世纪之前就已经写出了直升机。潜水艇、飞机、霓虹灯、导弹、坦克，几乎没有一样没被这位维多利亚时代的作家预见到的。毫无疑问，他是科学幻想之父。

凡尔纳将日后出现的奇迹写得那样详细、准确，以至于许多学术团体对他所写的东西进行讨论，数学家对他使用过的数字用几个星期的时间去推算。

当他那本关于登月球的书出版时，有500人自愿要求参加下一次远征。

那些受到启发的人都乐于称赞他的设想。海军少将伯德在飞越北极后回来说，凡尔纳是他的领路人。潜水艇的发明者西蒙·莱克在自传的第一句话写道："儒勒·凡尔纳是我一生事业的总指导。"气球及深海探险家奥古斯特·皮卡德、无线电的发明者马科尼和其他一些人，都一致认为凡尔纳是启发他们思想的人。法国著名的利奥泰元帅有一次在巴黎对下议院讲话说，现代科学只不过是将凡尔纳的预言付诸实践的过程而已。

这位作家在世时已经看到他的许多幻想成为事实，他认为这是理所当然的。他说："一个人能够设想的事，就有另一个人能做出来。"

凡尔纳1828年出生于南特（法国西北一个城市）附近。那时候拿破仑刚去世，威灵顿正任英国首相，第一条铁路才建造不过5年，轮船横渡大西洋还得带足机器的补充品。

在他当律师的父亲的坚持下，凡尔纳在18岁时去巴黎学习法律，但他对法律不及对写诗和写剧本有兴趣。

有一次参加上流社会的晚会，他突然溜走，顺着楼梯栏杆滑下去。当他滑到楼下时撞在一位正在上楼的胖绅士的肚子上，凡尔纳信口问道："您吃过晚饭了吗?"

那位绅士说他吃过了，吃的是南特做法的炒鸡蛋。

凡尔纳回了一句："呸，巴黎没有人会做那样的菜。"

"你会吗?"胖绅士问。

"当然喽，我是南特人呀。"凡尔纳说。

"好，那就请在下星期三来吃晚饭，做一盘炒鸡蛋。"胖绅士说。

这就是凡尔纳和《三个火枪手》作者大仲马的结交之始。与大仲马的结识坚定了凡尔纳从事写作的愿望。他和大仲马合写了一个剧本，取得了成功。

后来，在这位前辈的鼓舞下，凡尔纳决心写地理方面的题材，而大仲马则专门写历史小说。

凡尔纳写的第一部著作是《气球上的五星期》，15 家出版商都将这本稿子退了回来。

一怒之下，凡尔纳将稿子扔进炉火中，他的妻子从炉中将稿子抢了出来，再三劝说他再试一次。终于，第 16 家出版商接受了这部作品。

《气球上的五星期》成为一部畅销书，并被译成多国文字。1862 年他刚 34 岁，就已经是一位名作家了。他辞去了交易所的工作，和出版商签订了合同，每年写两部小说。

他的第二部作品是《地心游记》。书中的人物钻进了冰岛的火山口，经历了无数危险，最后顺着熔岩流到意大利回到地面上。这本书写出了科学上所知道或所能设想到的地心的一切情况，并穿插了惊险的情节。读者越看越爱看。

当有了一个儿子后，凡尔纳一家从巴黎迁居到亚眠。这时他已经出了名，也有了钱，他买了一条当时最大的游艇，造了一所有高塔的楼房，高塔上有一间像船舱一样的小屋。这间屋子里摆满了书籍和地图，他就在这间屋里度过了他一生的后 40 年。

凡尔纳最有名的作品可能是《八十天环游地球》，这本书最初是在《巴黎时报》上连续刊载的。书中的主人公福克为了一个赌约，争分夺秒地赶路。这篇小说轰动一时，以至于纽约和伦敦的记者每天都要用电报报告虚构的福克先生的所在地。

当时有许多人也在打赌福克会不会按时赶到伦敦，凡尔纳以巧妙的手法，将情节写得生动有趣。书中主人公从柴堆上救出了一个焚身殉夫的印度寡妇，和她产生了爱情，并且为了她几乎耽误了旅程；在穿过美国大陆时遭到原住民的袭击；当他好不容易赶到纽约时，他所要搭乘的那条驶往英国的轮船已是天边外的一个小黑点了。

每一家横渡大西洋的轮船公司都向凡尔纳提出，如果他把福克先生安排在自家公司的船上，就送他一大笔钱，凡尔纳拒绝了。他让书中主人公自己租了一条船。这条船中途燃料用尽，靠着烧甲板的木料和舱内的家具完成了航程。福克先生回到伦敦，到达约定的俱乐部，离限期只差几秒钟。该书的结尾是这样写的：在第57秒时，客厅的门开了。就在钟摆摆动第60下之前，福克先生出现在大家面前，以沉着的声音说道："先生们，我到了。"

那是1872年的事。17年后纽约一家报社派一名女记者奈丽·布莱做一次环球旅行去打破福克的纪录，她用了73天。后来由于西伯利亚铁路的建成（那是凡尔纳在许多年前就预言过的），一个法国人用了43天完成环球旅行。

在《海底两万里》一书中，凡尔纳"创造"了潜水艇"鹦鹉螺"号，那不仅是双层外壳、电力推动，而且能做到像现代两位科学家试验成功的美国海军核动力潜水艇"魟鱼"号首次做到的那样，可以无限期潜在水底。

凡尔纳是一个极度爱国的法国人，却对美国有深厚的感情。他最宝贵的珍藏品是一封由克维特·罗斯福用白宫信笺写给他的信。该信的结尾说："我父亲（西奥多·罗斯福，1901年—1909年任美国总统）让我转告你，你的书他都读过，并且极为欣赏。"

凡尔纳最有预见性但读过的人相对较少的小说是《一个美国记者在公元2890年的日记》。书中的纽约名叫环球城，公路宽约91.4米，两边都是1 000米高的摩天大楼，气候由人控制，庄稼在北极生长，广告放映在云端上。书中主人公编的《地球先驱报》拥有8 000万读者。《地球先驱报》的记者将新闻从木星、火星、金星上转播回来，人们坐在自己的家中就可以看到各地发生的大事。

简直不能想象这是凡尔纳在100年前写的书。

凡尔纳的晚年生活并不愉快。学术界看不起他，尽管他是那个时代法国最博学的作家，他却未被推选进入法国科学院。不幸的事接踵而来，他得了糖尿病，双目失明，听力日益衰退。他在最后一本书中的预言充满了对暴君和极权主义的恐惧。

儒勒·凡尔纳死于1905年。人们从全世界赶来参加他的葬礼，包括曾经看不起他、背后议论他的30名法国科学院士及外交使节团和国王及总统的特派代表。

当时一家巴黎的报社在报道中写了这样两句话："这位讲故事的老人死去了。这就和飞驰而过的圣诞老人一样。"

五步速读法技巧

浏览—提问—阅读—复述与记忆—复习

第一步：浏览

这一步运用快速扫描法。浏览的内容：序言、目录与索引、内容、提要(包括全书的和各章节的)、后记等。通过这些内容，弄清书的中心内容、主题思想，然后做出选择，制订切实可行的学习计划。

第二步：提问

对作者提出的观点要问"为什么""他为什么这样认为""他的根据是什么""他的根据是否可靠"等，就这些问题进行针对性的阅读，能加强理解记忆，激发阅读热情，同时有助于培养独立思考能力和创造能力。

第三步：阅读

这一步进行慢读和精读。通过这一步理解各节、各章及全书或全篇文章的优点、中心内容。这是一个加深理解的过程，在这一过程中进行反复阅读，以便把一些观点或内容联系起来进行思考；与此同时，对第二步提出的各种问题也需进行很好的解答，并且把这些已经弄懂的问题记录下来，对书中有用的图表及其说明也要做笔记。

第四步：复述与记忆

用自己的语言把获得的知识再讲出来，避免死记硬背。可先复述出一个框架，然后再往里填内容，如果有的内容实在想不起来，可以去看书。

第五步：复习

阅读结束后，要及时复习巩固。

第六节　推断阅读法

推断阅读指的是在阅读过程中通过寻找关键词、分析语义群和确实意图这三个步骤掌握各段大意、文章中心思想，进而形成一套有要领的阅读方法。推断阅读法的好处是压缩了文字数量，提高了理解文章的程度。推断阅读法的理论依据是大脑具有选择和压缩信息的功能，所以在必要的条件下不需要通读全文，只需要通过找重点、做判断，就能达到去粗取精、广泛获得知识的目的。

推断阅读的实践依据是一般用于理解文章的两种方法。这两种方法具体如下。

（一）寻找重点内容法

这种方法是在阅读时把文章分成几部分，再把每部分按照内容分成几个方面，这样就会形成有利于理解和背诵的重点。所谓重点内容是指某些文字虽然十分简短，但却包含广泛的含义。理解的目的是抓住全文的基本思想、关键词和某些具有承上启下作用的句子。理解的过程是把全文的内容归结为简短的、逻辑性强的几条提纲的过程，并从每一条提纲里找到统一的、有一定联系的思想。划分重点内容的过程，也就是在不丢失文章重点内容的前提下进行加工和提炼的过程。理解阅读法就是根据这种方法制定出来的。

（二）判断法（或预测法、猜测法）

有经验的读者只要看几个句子，就能猜出整段或整页文字的意思。思维之所以有效，是因为采取了有效的方式。在这种情况下，读者把精力主要放在了把握全文的意思，而不是个别词的意思上。读者所考虑的主要是文章的思想内容，所探讨的是作者的基本思想。

上述两种理解方法是多数人经常采用的阅读方法。如果对这两种方法加以综合运用，就能大大提高对各类文章的理解效果。在快速阅读中，理解具有迅速性、紧迫性。因此，利用上述方法进行思考无疑是有益的。

理解是指人的头脑利用现有的知识，在事物与事物之间建立起一种逻辑联系。在阅读容易理解的文章时，理解仅仅表现为感知，也就是瞬间就能够抓住所需要的东西，并把它同新的印象结合在一起。但是在阅读不熟悉和不容易理解的文章时，就要对所读内容下一番功夫，利用旧知识和新知识建立起新的逻辑联系。

因此，理解不是一字不漏地通读，而是掌握全文精神；并不是通读全文，而是读其中一部分。这一部分是指文章内容的“精华”。

文章中包含一定的信息，这种信息只要读一遍文章便可获得。所以，读书的第一步就是处理信息，信息就是文章向读者提供的东西。

当然，如果读者在开始时还不理解某篇文章的价值，那么这篇文章就不会给他带来任何信息。经过很长一段时间，这个读者得到了新的知识，这时他如果再读这篇文章，就能从中得到必要的信息。

读者通过对文章进行研究产生了一种概念，在这种概念的基础上，又了解了一种意图，即文章的中心思想。

推断阅读的步骤：

（1）找出关键词。读第一遍时把关键词找出来，刚开始训练时可以用笔把关键词画出来。

（2）确定判断。把画出的关键词在脑中重新编码，形成自己的判断。

（3）理解意图。通过回忆，根据自己形成的判断，确定所读文章的意图，也就是中心思想。

对理解阅读法尚不熟练时，可按上述三个步骤分步训练。达到一定熟练程度后，再将三步变为一步，即在阅读的同时进行找关键词、确定判断、确定意图的工作，也就是既要善于抓关键词，进行快速阅读，又要同时进行思考，以达到理解文章主旨的目的。

自我测试范文：

儿童的大脑

儿童大脑的早期发展阶段是激烈的神经活动时期，在这一时期，大脑细胞之间以疯狂的速度相互连接。因此，大脑开始学习的时间不能太早。

大脑的爆发

与其他器官相比，大脑完全发育成熟所需的时间要长得多，并且它的生长模式也明显不同。其他大多数器官的基本发育是在子宫中完成的，当身体成长时，器官的进一步发育是通过细胞分裂完成的。而在婴儿出生之前，大脑就已经完成了细胞发育的过程，这就是儿童的大脑看起来与其身躯的其余部分不成比例的原因。

近 10 年所做的研究是以先前的研究为基础的。当婴儿还在子宫里的时候，大脑就通过自发地产生信号的方式开始了细胞之间的复杂连接。在受孕之后大约 8 个星期，第一次“大脑爆发”开始（术语“大脑爆发”与大脑的不断发展有关），再过 5 个星期，大多数脑细胞就形成了。第二次“大脑爆发”在出生前约 10 个星期开始，并持续到出生之后两年。第二次大脑爆发时期是脑细胞激烈活动的时期：脑细胞之间的相互连接更高效、更协调，范围更大，脑细胞连接率的增长将使大脑迅速生长。婴儿出生时的大脑重量约为其成年后大脑重量的 25％，在 6 个月时为 50％，在两岁半时为 75％，在五岁时则为 90％。

初来人世

研究显示，婴儿出生时，能够对人类的声音表现出积极和明确的回应。研究人员在对一段新生儿的高速影片进行慢放和逐帧检查时发现，婴儿某些部位微小的姿势和特定的声调与父母发出的语言信号同步，而其他非人类的声音则不会使婴儿产生这样的反应。这就暗示着当他们还在子宫中时就已学会了某些语言技巧。在子宫中听过的母亲的心跳声能被婴儿识别并起到安慰的作用。

汤姆·鲍威尔在爱丁堡大学所做的关于幼儿理解的研究表明：婴儿出生后所体验的是一个三维的世界。他用能使左右眼睛看见不同图像的偏振的遮生眼镜，在婴儿面前创造了一个实心物体的视觉图像。鲍威尔发现，即使是新生的婴儿也会伸出手去触摸这个明显的物体，一旦他们触到空气，而不是实在的物体，他们就开始哭叫。这表明，在出生时，婴儿期待的视觉目标应是切实的，并显示出视觉和触觉的简单一致性。

光线和声音

研究人员在爱丁堡大学所做的其他试验表明：光线和声音也对婴儿有影响，婴儿会把头转向有声音，特别是母亲的声音的方向。研究表明，婴儿生来就具有辨别好闻和不好闻的气味的能力，他们会将头恰如其分地转过来、背过去。

新生儿也能认识人类的面孔。罗伯特·弗兰茨是克利夫兰市西里塞夫大学的研究员，他给一个刚出生一天的婴儿有选择地出示以下图片：一个人的面孔、公牛的眼睛、新闻纸或彩色圆圈。他发现婴儿优先选择人的面孔，大多数孩子看人的面孔的时间比看其他图片多得多。卡内基麦林研究院的马克·约翰逊对刚出生十分钟的婴儿做了类似的试验，并观察到他们明显偏爱人的面孔，而不太喜欢空的椭圆。根据约翰逊的试验，人类在出生时就有关于面孔的“模板”，这将有助于婴儿辨明食物来源，寻找温暖和保护。

用正常的语言跟孩子说话，而不光是用儿语哄孩子，可以使他们有更多学习语言的机会。一个丰富的早期环境，如父母一方或双方有意识地帮助孩子提高感觉的体验，会鼓励和加快孩子的发展。早在 1952 年，艾伦·斯特恩就认定一个有意识刺激的环境对他的女儿艾迪斯会有好处。从他的女儿出生起，他就尽量与她多谈话（不是儿童式的谈话），给她演奏古典音乐，并给她展示有数字或动物的卡片。这一方法已被无数的父母采纳和应用，并取得了非常积极的结果。

斜坡、阶梯和轮子

为了评估丰富多彩的环境对大脑成长的影响，加利福尼亚大学的马克·罗森威格让一群幼鼠在一个满是斜坡、梯子、轮子、隧道和其他刺激物的笼子里成长，另一群幼鼠被留在一个空荡荡的笼子里。105天之后，他检查了两群幼鼠的大脑，结果显示：在环境丰富的笼子里的幼鼠的颅容量上升，并且脑细胞之间比对照组有更多的连接。大脑细胞量比对照组多15％，神经体比对照组多15％，也许最重要的是大脑与其他的神经有更多的连接。

程序化的生物学核心知识是大多数儿童发展研究的核心，这种研究不仅使用数字和物理的方法，而且还使用其他的认识技巧。正因如此，一些程序化的核心知识仍然不成熟。1988年，加利福尼亚技术学院发明了一种多电极装置，才使检测和测量哺乳动物胎儿的大脑细胞在子宫中的相互刺激、形成、协调和相连接成为可能。这些神经活动方面的研究工作表明：脑细胞之间的相互连接是在“大脑爆发”期间形成的，并非每个神经连接都被储存在我们的基因里面。在假定数百万个连接需要在大脑里形成的前提下，根据前面的理论，我们的基因仅需储存很少的遗传信息。

天性与教育

上述是一些相对比较新的假设，还需要做许多工作来加以发展和论证。这些假设还应考虑到至关重要的、对天性和教育的新思考。

在涉及许多理论、研究和结论的研究领域中，在给予适当的刺激后，婴儿所展示出的潜力鼓舞着父母继续努力。教育的重要性给了父母机会，他们以自认为合适和切实可行的方式去尽其所能地帮助他们的儿女。

无论是遗传的因素，还是婴儿在子宫中及在出生后的前几个月所形成的神经之间的相互连接，我们对婴儿的智力和颅容量的认识都在增加。无论父母用什么方式去鼓励和促进孩子的智力发展，有两个关键点必须考虑。

第一，必须遵循连续性。一个能力比同学发展要快得多的孩子也许会故意隐藏能力，以避免因出众被嫉妒、嘲笑。

第二，应该注意尊重和发展孩子的兴趣。在已经投入了大量的时间、感情之后，父母必须意识到不要过多地在意自己的劳动成果，最重要的是孩子的幸福和满足，而父母的欢乐在于积极地参与。

现在停下计时器

所用时间：　　分钟

下一步，用本段的字数（本段为 2 298 字）除以所用的时间（以分钟计），计算出阅读速度，即每分钟阅读多少字。

快速阅读计算公式：

每分钟字数＝所读字数/所用时间

每分钟字数：

理解测试

1. 人类的大脑：

(a) 在受孕时脑细胞就已经完全形成

(b) 脑细胞在出生之前就已经完全形成

(c) 脑细胞在出生一个月后完全形成

(d) 在出生两年之后脑细胞才完全形成

2. 第一次“大脑爆发”始于：

(a) 受孕时

(b) 受孕后 8 个星期

(c) 受孕后 4 个月

(d) 出生前 1 个月

3. 第二次“大脑爆发”大约开始于：

(a) 受孕后 8 个星期

(b) 受孕后 10 个星期

(c) 出生前 10 个星期

(d) 出生前 4 个星期

4. 出生时人的大脑重量占成年时大脑重量的百分比是：

(a) 10％

(b) 15％

(c) 25％

(d) 40％

5. 在6个月时，大脑重量占成年时大脑重量的百分比是：

(a) 25％

(b) 40％

(c) 50％

(d) 75％

6. 在两岁半时，大脑的重量占成年时大脑重量的百分比是：

(a) 50％

(b) 75％

(c) 80％

(d) 90％

7. 在5岁时，大脑的重量占成年时大脑重量的百分比是：

(a) 85％

(b) 90％

(c) 95％

(d) 100％

8. 婴儿在出生的当天就能对人类声音做出积极而特定的反应。

真/假

9. 爱丁堡大学的汤姆·鲍威尔对新生儿理解能力的研究表明，一个孩子在出生时：

(a) 只看见模糊的图像

(b) 立即注意他的母亲

(c) 能很清楚地听见声音

(d) 立即体验到一个三维的世界

10. 研究人员在爱丁堡大学的其他研究也显示，光线和声音也对新生儿有影响，新生儿会把头转向有声音的方向，特别是（　　）的声音。

11. 罗伯特·弗朗茨和马克·约翰逊发现，新生儿对哪种图像有明显的选择性：

(a) 他母亲的图像

(b) 彩色的圆圈

(c) 人的面孔

(d) 动物

12. 那些“咕咕叫”的孩子有更多的机会掌握语言。

真/假

13. 马克·罗森威格用老鼠做的试验表明，在丰富环境里成长的老鼠：

(a) 大脑较小

(b) 个子长得较大

(c) 大脑没有增长

(d) 大脑的脑细胞之间有更多的连接

14. 婴儿大脑中神经的相互连接是形成在：

(a)“大脑爆发”期间

(b) 出生之前

(c) 我们的基因量

(d) 在出生的前两年

15. 父母的主要目的是：

(a) 培养一个天才

(b) 提供良好的学术教育

(c) 孩子的幸福和满足

(d) 不干扰孩子的自然发展

答案：

1. b　2. b　3. c　4. c　5. c　6. b　7. b

8. 真　9. d　10. 母亲　11. c　12. 假

13. d　14. a　15. c

第七节　快速理解速读技巧

我们所说的快速阅读，当然是在理解的基础上进行阅读。如果抛开对所读材料的理解而单纯地追求速度，那么这个速度即使再快也是没有意义的。因此，我们在进行快速阅读训练时，一定要处理好阅读速度与理解率的关系。

快速阅读训练中的理解率应达到一个什么样的水平呢？一般来讲，正常理解率大约是 70％。这就是说，通过阅读测试，全班学生的平均理解率可以达到 70％。换句话说，一个中等水平的学生，其阅读理解率应在 70％上下。

如果你的理解率一直保持在 90％到 100％，这也不太正常，这说明你可能过于注重理解，而不太注意速度。如果你也不慢的话，这说明你还有潜力来提高阅读速度。我们的速度训练应当辩证地对待速度和理解的关系，使之达到一个理想效果。譬如，每分钟阅读 400 字理解率为 70％，常常要比每分钟阅读 200 字理解率为 90％更有成效（需要 100％理解所读材料内容的，另当别论）。就一般情况来看，在速读训练中，我们没有必要去追求 100％的理解。要求自己 100％地理解报纸的报道和期刊文章是没有必要的，因为一般文章通常都有一些多余的语句，也就是说作者认为读者不能 100％地理解文章的内容，往往通过变换手法来重复一件事。所以在训练中保持阅读速度和理解率的适当比例合适，即我们要追求的不是单纯的理解率高，也不是单纯的速度快，而是较高的阅读效率。什么是阅读效率？阅读效率是阅读速度和阅读理解率的乘积。

例如：高理解率　　　　　　　　低理解率

$$=\frac{200\text{ 字/分}\times 100\%\text{理解率}}{200\text{ 字/分}}\qquad=\frac{200\text{ 字/分}\times 50\%\text{理解率}}{100\text{ 字/分}}$$

$$=\frac{200\text{ 字/分}\times 90\%\text{理解率}}{180\text{ 字/分}}\qquad=\frac{375\text{ 字/分}\times 70\%\text{理解率}}{262\text{ 字/分}}$$

可见，只有阅读速度与理解率均相应提高，才能做到真正的高效率阅读。反之，如果只追求一个方面，就事与愿违。

因此，我们可以得出这样一个结论：在进行快速阅读训练时，要力求使阅读速度与理解率保持平衡。当阅读速度与理解率相差悬殊时，应当以 70％理解率为“杠杆”主动进行调整。

训练范文：

牛顿上大学的第一天

牛顿从小在乡村长大。他宁愿自己看书，也不喜欢上学，上学似乎就是为了等待放学。他不交朋友，经常独目冥想，有时像个顽固的老人，有时又像个呆呆的稻草人，曾被老师和同学称为“呆子”。校长从他许多精巧的发明中看出他是个可造之材，常用激将法督促他。年满 18 岁以后，他凭借校长的推荐去剑桥大学读书。

那时的公共交通工具是狭窄的驿马车。牛顿上车时车上已有两位乘客：衣饰华贵的绅士和纤弱的年轻女子。牛顿衣着破旧，上车后紧抱着质料低劣的皮箱，时而看着窗外，时而望望绅士的高帽。绅士气质高雅，风采令人赞叹。

“吭”的一声，马车颠摇了一下，绅士的手杖掉落，丝质高帽欲飞向空中。牛顿反射似地伸出手把它抓住了。“啊，谢谢。”绅士点头致谢，似乎已观察他一阵了：“是不是去剑桥念书?”“是的。”

“是入学新生吗?”“是的。”

初次搭乘驿马车，和陌生人交谈，牛顿感到拘束、畏缩。

“学院是?”“三一学院。”

剑桥大学的组成单位是学院。13世纪末，剑桥大学率先成立了彼得豪斯学院，以后每一个世纪增加4个学院，到牛顿入学时已有16个学院。牛顿家境贫寒，舅父替他选了这个有工读生制度的学院，使他可以一边上学一边当工读生。“三一”在基督教里是圣父、圣子、圣灵三位一体的意思。

“是嘛！三一学院虽然经费不太充足，但教授优秀。”

每一所学院的创立人、目的和管理都不同，各自成为独立的学院。

“大学与中学有很大的不同，它不是中学的延伸。大学的原意是学生组合成的团体，想读书、做研究的人，无论年老年轻，都组成一个团体，聘请名师来讲授，这就是大学的起源，千万不要忘记这种精神。”绅士和蔼地说。

坐在牛顿旁边的女士身体略向前倾。

“哦，对不起！请坐这边来。”绅士移坐窗边，把自己的位子让给女士。牛顿不明其中的道理。当绅士拿出手帕遮脸，牛顿才恍然大悟——女士原来坐在朝阳的一边，被烈日晒得受不了。牛顿不禁赧然低头。

车到剑桥，牛顿和绅士一起下了车。提着旧皮箱的牛顿，一言不发地跟在绅士后面。在路口，绅士给牛顿指了去三一学院的路，之后，便飘然消失在剑桥的楼宇中。

剑桥大学的校园繁花遍地，绿草如茵，各具特色的建筑物隐现于参天大树之间，清澈的溪流中几只天鹅在垂柳下悠游。三一学院的大门上是亨利八世的雕像，他创立了英国国教，也是这个学院的创办人。牛顿意识到要进入一种新的生活，顿时紧张起来，一种凉飕飕的感觉从脊背直透脚尖。

牛顿走进院门，差一点儿迎面撞上一位身材魁梧的红袍绅士。牛顿吃了一惊，言语失措，不知如何是好。

“你是新生？”“是的。”

“是艾萨克·牛顿先生吗？”“是的……”红袍绅士在黑色方帽下温和地笑着，大方地伸出右手：“真巧，我是艾萨克·巴罗。”

“啊，您好。”牛顿满口乡音地回答，若有所悟地抬起头，因为这人就是舅父介绍的巴罗教授。牛顿从口袋里拿出舅父的信。

“呵，我已经接到了他的信，不然不会知道你的名字。”

巴罗教授想缓和一下青年的紧张情绪，神态尽量随和。牛顿却因初次见到大学教授，感到一种压迫，越来越拘束。巴罗教授打开信，匆匆地看了一眼，便放进口袋。

“到我房间里去吧。”

巴罗教授在走廊里阔步前行，牛顿迷迷糊糊地跟着走，等到稍微恢复正常时已经在巴罗教授的房间里了。牛顿不知道，眼前这位31岁的教授是欧几里得几何学的一流学者，以创立在曲线上做切线的方法而著名。

“随便坐，别拘束。”

牛顿的动作显得很生硬，好不容易在椅子上坐下了。

“现在我就按入学的惯例询问了。艾萨克·牛顿先生，你是志愿入学吗？”

“是的。”

“好！那我就准许你入学。”

牛顿如释重负，放下了心。

“牛顿先生，你现在已经是剑桥大学的学生了。我是教授，我们就以师生的身份来谈谈吧。”

牛顿不知谈什么好，感到很不自在。

“你对学习有什么要求？”

“我想学有关力和运动方面的东西，也想研究数学……”有了具体的话题，牛顿就能回答了。

“那就有困难了。数学倒是没什么问题，但力和运动却没有人讲授。当然你可以自己研究，但没有人指导。”

牛顿并不惊异。小学也好，中学也好，从来没有人教他想学的东西。他记起驿马车上的绅士关于大学的谈话。

“你知道伽利略的实验吗?”别说实验，牛顿连这人的名字也头一回听说。

“那么，我提一个问题吧。铅球有大有小，让它们同时从塔上落下来，请问哪个先到地面?”牛顿默想了一会儿，带着点怯意说：“不做一下不知道。”

“是吗?伽利略也这么想。可是亚里士多德说重的先到达地面。你认为呢?”亚里士多德是古希腊的大哲学家，牛顿是知道的。

“我想他是正确的。”

“你确信如此吗?”

“……”牛顿犹豫起来了。

巴罗教授从他的表情中看出他的念头，突然改变了态度，以授课的语气说：“你只是想亚里士多德说的不会错。那么，你是不是赞成不必探究真理，不必做新的发现，只要相信古代圣贤就行了?”牛顿从未面对过这种问题，有点儿惊慌失措。

“伽利略让大小铅球同时从比萨斜塔上掉下来，结果和亚里士多德所说的不一样，重的和轻的同时落到地面。”

“亚里士多德也错了吗?”

“古典学派的人不肯面对这一事实，有人认为伽利略使用了‘魔术’。但是，无论由谁来做，结果都一样。”

古典学派是受罗马教廷支持的一个思想学派，该学派的学者认为，哲学上的真理都已被亚里士多德和柏拉图所掌握，而神学上的真理都被《圣经》和奥古斯丁所掌握。所以，要学得真理，只要读这些圣贤的书就够了。

罗马教廷为维护教权，极力扶持和推行古典学派，一般人很难脱颖而出。

“伽利略研究天体运行得出结论——地球会运行转动。这在支持古典学派的罗马教廷看来是异端邪说，伽利略因此被送上宗教法庭，几乎送命。最后结论如何，还会争论下去。但他倡导的重视观察和实验验证的研究方法证明，实验比结论更为重要。这一点你要牢记在心上。我认为，本学院负有把中世纪引到近世纪、挣脱古典思想的使命。牛顿先生，你要多多努力啊!”巴罗教授语重心长地说。

这是牛顿第一天上大学的经历，时间是1661年6月5日。

第五章 实战篇

第一节 循序渐进地成为超级快速阅读者

快速阅读是调动了人的视觉和大脑潜力的一种更自然、更符合人的视觉机能和大脑思维习惯的阅读方式，而绝不是少数天才的专利。每个有一般阅读能力的人，也就是小学四五年级以上的阅读者，都能在一段不太长的时间里掌握快速阅读法，并通过实践形成自己的快速阅读能力。

当然，要想成为一个超级快速阅读者是要付出努力的，我国最早的教育论文《学记》中说："杂施而不孙，则坏乱而不修。"意指："不循序渐进，就会混乱而无成效。"宋朝大学问家朱熹也说："读书之法，在循序而渐进，熟读而精思。"著名学者巴甫洛夫说："要循序渐进，循序渐进，再循序渐进……"

循序渐进是读书治学、做人做事相当重要的一点，在阅读上也是如此。在基本掌握前面章节讲述的超级快速阅读的理论、方法和操作技巧后，我们应当深入地认识一下"循序渐进"这四个字。

循序渐进在学习与阅读上是指按照一定的计划、步骤与知识系统，由少到多，由浅入深，一步一个脚印地学习与阅读，且不急不躁，不愠不火，不要一曝十寒，三天打鱼两天晒网。如果说所有的技巧与方法都是关于阅读与学习的战术，那么循序渐进就是战略思想。

循序渐进主要在于克服急于求成的不良阅读习惯。阅读既要精读也要略读，二者并不矛盾。对于质量与速度的问题，解决的办法就是选择，该怎样就怎样。

循序渐进并随时注意阅读方法与技巧，这样你才能成为真正意义上的超级阅读者。

下面介绍 3 个最成功的快速阅读案例供大家参考。

(1) 姓名：富兰克林·罗斯福（美国前总统）；

荣誉：读书最快且最爱读书之人；

业绩：像所有人一样从基础开始接受超级快速阅读的训练，将实践与理论结合，最快阅读速度达到每分钟 1 200 字。

(2) 姓名：约翰·斯图尔特·穆勒。

荣誉：英国哲学家，世界伟大天才排行榜位列第九十；

业绩：在一个视觉吞食过程中，读完一页。

(3) 姓名：肖恩·亚当（大学教授）；

荣誉：当前快速阅读纪录保持者；

业绩：以非凡耐力与刻苦努力创造每分钟 3 850 字的快速阅读纪录，并将在近日提高到每分钟 4 550 字。

第二节　为明确的阅读目标制订可行计划

每个人都有自己的阅读目的。学生是为了升学；学者是为了完成学术研究；而立志从政从商、建功立业者更是要博览群书。庄子说：“吾生也有涯，而知也无涯。以有涯随无涯，殆已！”所以制订切实可行的阅读计划，从宏观意义来说是一切阅读的开始与前提，如一次行军，我们必须有目的地，并且画出路线图。

我们要把阅读计划在一定知识领域内，如在一个特定的时间内完成多大的阅读量。一年有12个月，每个月有4个星期，每个星期有7天，每天有多少个小时用于阅读，我们要将这种概念用于制订计划。特别是初高中学生，除了学习各个学科的教材，还要完成大量的课外知识储备。现行的考试越来越突出对素质与能力的考查，但所有的能力与素质都是以知识量为基础的。我们无法想象一个知识贫乏的人能具备多高的想象力与创造力。

我们要根据社会需要与个人具体情况，对整个知识体系进行完善、全面的考虑，然后制订明确的计划，并持之以恒地执行。磨刀不误砍柴工，明确可行的计划是使时间、精力与能力产生“聚焦效应”的保证。

当然，制订正确的计划应做到目的性强，阶段的、近期的、长远的计划要相互结合，分清主次轻重。学生朋友可将目标定具体些，先以掌握各门功课为主，然后在老师、家长的帮助下开阔眼界，把有益个人身心健康的兴趣与长远的人生事业目标联系起来。

第三节　利用内外部环境充分调动阅读情绪

要想全神贯注地投入阅读，拥有强烈的阅读兴趣是非常重要的。不是每一门学科、每一种读物都会让人有强烈的阅读兴趣，特别是教科书。所以，利用内外部环境，通过有形的可视性技术操作充分调动阅读情绪，这是必要的。

超级快速阅读法的著名不等式——

1＋1＞2或3或5，即积极的内部环境加积极的外部环境，二者协调地相互作用，绝对大于“1＋1”似的机械等式。同理，1＋1＜2或1，意味着消极的“1”加消极的“1”小于“2”。这就是著名的成功学大师卡耐基的“积极效应”原理。

（一）外部环境八大因素

（1）阅读位置：最好靠窗户学习，晚上最好在台灯下。

（2）光线问题：光线从右肩上方朝着写字手方向射入，避免炫目的光与阴影，不要太亮，总体照明要平衡。

（3）资料因素：学习资料放在随手可取的地方。

（4）身体因素：不要让自己太舒适！太舒适的结果是你在阅读时不知不觉睡着。

（5）桌椅高度：椅子的科学高度是能让大腿与地面平行；桌子的科学高度是 73 厘米至 81 厘米。桌椅高度平均参数为桌子高度比椅子坐垫高大约 20 厘米。这是人体工程学的最新研究成果所得到的数据。

（6）眼与书的距离：一般距离为 50 厘米左右。超级阅读的最佳距离要再远一点，60 厘米左右。

（7）姿势问题：大腿与地面平行，背部挺直，书拿在手里，稍朝桌子倾斜几度。

（8）环境因素：此处所指为居室空间，明亮、宽敞、舒适，特别适于阅读。

（二）内部环境

（1）寻找一天中最佳的阅读与学习时机，这是内部环境中应该首先注意的问题，在各个时段里试验阅读效果是确定时机的最好办法之一。早、中、晚或其他时间都可以，适合你的才是最好的。

（2）各种各样的意外与偶然事件都有可能影响或中断你的阅读，如门铃响了、猫把东西碰翻了，都会影响阅读。有一些办法可以帮助你解决这些问题，如把环境变得适宜学习、放一点儿轻松的音乐等。当然最重要的还是要有一颗平常心，对生活顺其自然，维持强烈的原则性与秩序性。

第四节　论文的精读

第一层次的文章（单元）没有内部构造，而是在叙述一个完整的内容（应该这样），所以找出代表全文的句子是很重要的。在一篇书写合宜的文章中，关键句通常被放在开头的部分（倒未必一定如此，像这一段的关键句就不在开头处）。

一般考试时出现的白话文阅读题，多属于第二层次的文章（短文）；完整的报告书或专业论文一般属于第三层次（长文），经商者或研究者所读的东西也多是这个长度。因此，接下来我们要以第二层次和第三层次的文章为主，来谈谈如何精读这种长度的文章。

关于此点，其实有个非常清楚而简单的方法可用，那就是重点读文章的开头和结尾。

一篇文章会先从绪论写起，在最后写出结论（应该如此），所以只要先读这两个地方，就能掌握全文的概要。至于文章的中间部分则是导出结果的论证及为说服读者而做的阐述，这个部分可稍后再读。

看小说的时候如果先看结尾，就会降低阅读的趣味性，所以一定得从前面顺着读下来。但是阅读论文或办公文件时不该如此，而是要先看最重要的地方。

现在我们再具体地叙述一下精读论文的三阶段法。

第一阶段：掌握全貌

先读开头和最后的几段，借此了解主题和主要的结论。

第二阶段：通读

接着把全文从头至尾读一遍，通常从最前面开始顺着读。

这里要注意的是，即使碰到不懂的地方，也不要停滞前，而是应该继续往下读。与其去理解内容，还不如去了解什么地方写了什么东西。

在进行这个阶段的阅读时，并非漫不经心地读过去，而是要在看起来很重要的地方和自己不懂之处画线或做记号，同时最好要视情况来记笔记。这些工作都是在为接下来的重读做准备。此外，由于需要做这些工作，所以做笔记的用具一定要带齐，这样就不用担心会因做记号或书写而把论文弄脏。如果是借来的论文，就先复印一份，看复印本。

第三阶段：选读

在全部读完一遍后，要想想本文的主要结论是什么，然后再检查那个结论是怎么被推导出来的。这个时候就不要顺着读，而是以做记号的地方为中心，把重点挑出，反复地读。若是没有时间，则可以省略第二阶段的“通读”（此时由于没有先做记号，可以一边读一边找重点）。

有很多人都会用上述方法读书，但是有些人或许会一开始就一字不漏地从头读到尾，非要把每个部分都搞懂不可，这种读书法还是及早舍弃为妙。而以往只是无意识地使用这种三阶段法的人，今后更要刻意去使用，从整体去理解这个阅读方法。

这种读法之所以比较有效率，是基于以下两个理由。

第一，与人类理解体系的效率有关。比起先积累部分，再去掌握整体的方式，一开始就关注整体的“鸟瞰图”会比较容易理解。在很多情况下，把某个句子单独抽出来看，可能会不懂它的意思，但若是把它放进文中去思考，反倒能理解了。这就是借着掌握句子和上下文的关系或是句子在整体中的定位去进行了解的方法。只要能掌握整体，各部分的定位就显而易见，这是阅读学习法的一条重要原则（从理解整体内容着手）。

学术论文经常会写得十分浓缩、精练，而且以各种知识为立论前提，将一些专家学者提出的概念与定理不加说明地使用，这样的论文是很难读的。然而，如果被难读的地方拖住而不再前进，那就怎么读也读不完了。此时就应该采用阅读学习法的另一条重要原则，把难的地方放到后面想。

第二，论文的各部分不见得都是理论性地一条直线串联下。很多时候，各部分之间的关系会呈现多层结构，长文（第三层次）更是如此。

论文的结构相当复杂，如果只是把文内的分项去掉，那么情况还好得多，但是一般的文章都不会这样写，很多文章经常连小节也不分，一直写下去。所以这种多层结构的对应关系很难马上看出来。

此外，为了针对预想中的反论提出答复，也有可能会铺陈一些细节部分。

虽然作者可以针对形式和内容做各种取舍与考虑，然而文章还是得在完整的单一体系内铺陈。读者只要知道这一点，就可以有效率地读下去。要得到理解，未必一定要照着文章的顺序读，有时不按顺序读的情况可能比较多。

在最初理解整体时，可将不重要的部分跳过。此外，若是有细分项，略过去也无所谓。只是在刚开始读的时候，有可能会读到细节部分而未发现。事实上，在进行三阶段法的第二阶段通读时，有时也会在不重要的地方做记号，所以为了尽早完成阅读，以掌握整体的概要，了解各部分的定位是十分必要的。

以上所谈的“读书技巧”适用于那些遵从规范化的原则写成的文章。这些文章在书写时都遵循以下的原则：开头要先提起问题，最后则写结论、一个单元内不该含有相反的内容、本论的构造应正确地排列配置。

第五节　其他文章的阅读技巧

当然，这个世界上的文章并不全都是遵照固定的原则写出来的。例如，可以轻松阅读的随笔、散文就没有非常严谨结构，而且如果真要像论文一样写，恐怕就太累人了。为了引起读者的兴趣与注意，很多这一类的文章反而会在开头处写上较吸引人的内容。

这种内容不见得能表现整体的主题，有时接下来的内容反倒是完全不同的东西。用“起承转合”或“起转转转”等结构写出的文章是很难阅读的。

此外，一个单元应该介绍一样的内容，但是文中若有“可是”“虽然如此”“另一方面”等文字出现，就会使单元内容被割裂。其实这种情况应该另起一段来写。

然而事实上这种规则并没有被采用。一般人都不重视“段落二单元”的概念，而经常把对立的多重内容都放进一个单元里。类似这样的文章，要速读起来就会特别困难，因为关键句很难找。

世界上诸如此类的文章也有很多，那么要怎样阅读这种文章才好呢？

如果是参加考试，就不用太担心这件事了。因为会被当作题目的文章大多有符合规范的结构，至少写得支离破碎的文章是不会出现的。

那么考试以外的情况怎么办呢？这种情况要靠“鉴别阅读法”的速读法来完成。

第六节　英文快速阅读技巧

阅读课是英语专业的一门主课，它的目的是使学生扩大阅读范围，增加词汇数量，提高阅读速度，丰富语言知识，增强英语语感，培养学生独立阅读和广泛阅读的能力。如果只是采用传统的阅读方法，通过学习词汇和分析语法来学习阅读是收不到预期效果的，只有学习阅读技巧，才能达到提高阅读理解能力和阅读速度的目的。

所谓快速阅读就是一种利用视觉运动的规律，通过一定的方法进行训练，在较短的时间里阅读大量书报资料的科学的学习方法。快速阅读这一概念的内涵应由以下几个属性构成。

（一）阅读文字材料的快速性

要想达到此目的，关键是眼肌训练，即用特殊方法，使眼肌能灵活自如，使视角、视幅、视停、视移等达到最佳状态，使视线行云流水般快速移动。训练方法可按手指法（目光随着手指左右、上下移动，头不要摇动）、图谱法（如点、圆、抛物线等图形，目光沿着图形快速移动）、词谱法和利用投影仪进行快速阅读的基本功训练。当适应眼肌训练之后，可采用快速阅读初级方法之一的跳读法进行阅读。

所谓跳读法就是指目光从一个“字群”跳到另一个“字群”进行识读（字群是由多个单词组成的），这个过程眼球按“凝视—跳跃—凝视”的程序进行连续不断运动，如：

The man in/the brown coat /was reading a book.

当跳读练习熟练之后，我们可以进行扩大视力识读文字的单位面积的训练。先进行5个单词的练习，练习主视区应放在中间，也就是注视中间的3个单词，两边单词用余光扫视，如：

We /have a colour/TV.

在5个单词的练习达到熟练之后，就可进行加宽视区的练习，一次看7个单词，甚至9个单词，逐渐加宽视区范围，延长目光移视长度，这样就能缩短凝视时间，达到快速阅读的目的。

（二）阅读文字材料的无声性

上面我们介绍的只是快速阅读的先决条件，速读的关键还在于无声训练。在阅读速度上无声要比有声快，这是因为有声阅读是眼、脑、口、耳四个器官一起活动，文字符号反映到眼睛，再传到大脑，大脑命令嘴发音，耳再监听、辨别正确与否。而无声阅读只是运用眼和脑两大器官，省去了口的发音和耳朵的监听，因而它的速度较快。快速阅读的信息变换方式为：书面信息→眼睛扫描信息→大脑记忆中枢的信息。因此，我们应用特殊的方法和手段消除读音和心音，特殊手段就是用自身单声调鼻音、单声调心声或外界背景音乐抵消并消除读音和心音，对一些不发音不能阅读的人，还可用一套自创歌曲，使其边唱边读，最后达到无音阅读的目的。

（三）阅读方法的科学性

我们在阅读的时候，只有通过直觉、联想、想象、逻辑分析和综合判断等一系列思维活动，才能把顺次进入视觉的一连串文字信号转换成概念和思想，完成阅读。要完成阅读，必须进行科学阅读，进行科学阅读应具备以下几个条件。

（1）自信心。一个人要想在快速阅读上获得成功，先要有自信心，在快速阅读时自信心是很重要的，只要我们坚信能成功，通过长期苦练就会实现。

（2）集中注意力。快速阅读的同时还要求快速记忆，这就要求在阅读时不仅要阅读，而且要记、要理解，这是一个高难度的思维活动，没有集中的注意力便很难保证“速读”的完成。

（3）快速理解——快速阅读的催化剂。理解就是利用已有的知识经验去获得新的知识经验，并把新的知识经验纳入已有的知识经验系统。理解可分为直接理解和间接理解。直接理解是在瞬息之间实现的，不需要任何中间思维过程，与知觉融合在一起，它主要通过瞬间忆起以前所得的知识，选取所需要的知识。而间接理解的实现需要通过一系列复杂的分析综合活动。快速阅读用的是中间理解法，它包括推断法。进行快速阅读的人往往根据几个单词推断出一个句子，由句子推知整个段落的意思，这就需要多读书，知识积累越多，知识面越宽，理解力越强，推断能力才能越高。正是由于这种推断，眼睛才能停顿到最有信息含义的地方。英语阅读中使用的推断法之一是学会略过那些无关紧要的词汇，如“**The usual life span of Shanghai men is 72 years.**”，如果我们阅读时不知道 span 的词义，我们也完全可以看懂句子意思是“通常上海男子的寿命是 72 岁。”推断法之二是利用英语构词法推断词义，构词法由转换、派生与合成三部分构成。

第七节　整体阅读法

整体阅读法是一种按照一定的程序对文章从整体上快速理解的阅读方法。这种程序是根据文体的特点并结合阅读的目的而设计的一套阅读步骤。

运用整体阅读法，可以有步骤地对信息进行筛选。一般来说，阅读材料中文字承载的信息可分为三类：有用信息、次要信息、无用信息。阅读时，如果目的明确，大脑就能对文字承载的有用信息优先选择，而不至于为处理次要信息、无用信息费时太多。整体阅读法的程序实际上就是筛选有用信息的程序。运用整体阅读法，能使阅读的过程变得井然有序，大大提高阅读的效率。

运用整体阅读法阅读好比是带着索书单去书库取书，根据索书单上填的书名、号码就能从排列有序的众多图书中准确而迅速地找到所需要的图书。如果没有索书单，进了书库后漫无目的地查找，一定会浪费很多时间。

整体阅读法的阅读程序有两种类型：常式程序和变式程序。

常式程序是各类材料的通用阅读程序。读一篇文章的程序，包括以下项目。

题目（或文章标题）。

体裁（根据不同体裁的特点阅读）。

段落（根据不同文体划分段落、归纳段意）。

文章的主要内容（根据不同文体归纳）。

文章的中心思想（根据不同文体概括）。

评价。

变式程序是常式程序的变化形式，是读者根据自己阅读的特殊需要，针对某一具体文体而设计的阅读步骤。

以下是阅读记叙文、说明文、议论文采用的三种变式程序。

1. 记叙文

（1）文章标题

（2）体裁（根据记叙文特点快速阅读）

（3）划分段落与概括段意

（4）划分段落

①依据时间划分。

②依据事件划分。

③依据场所划分。

④依据人物划分。

（5）概括段意

①串联法。

②缩句法。

③摘句法。

④取全法。

⑤连接关键词语法。

⑥归纳法。

（6）文章的主要内容

①审题。

②连接各段段意。

③分析重点句、段。

④概括问题。

（7）文章的中心思想

①找文章中心句。

②注意议论、抒情部分。

③分析事件和情节。

（8）评价

①表达方面。

②思想内容方面。

2. 说明文

（1）文章标题

（2）体裁（根据说明文特点快速阅读）

（3）划分段落与概括段意

（4）划分段落

①按时间顺序划分。

②按空间顺序划分。

③按事物性质类别划分。

④按所讲问题步骤划分。

（5）概括段意

①找段落中心句。

②用自己的语言概括。

（6）文章的主要内容

①综合各段段意。

②连接重点词、句。

（7）文章的中心思想

①文章的中心句。

②归纳文章要点。

（8）评价

①知识内容方面。

②语言方面。

3. 议论文

（1）文章标题

（2）体裁（根据议论文特点快速阅读）

（3）划分段落与概括段意

（4）划分段落根据绪论、本论、结论来划分

（5）概括段意

①找段的中心句。

②概括内容。

③综合自然段段意。

（6）文章的主要内容

①审题。

②连接各段段意。

③连接重点词、句。

（7）文章的中心思想（找中心论点）

①看标题。

②概括段意。

③论点与论据的关系。

④分析论证方式、方法。

（8）评价

①语言方面。

②思想内容方面。

要掌握整体阅读法，上述的练习顺序是十分有效的。这种阅读法的实质就是只吸收整体阅读法各个项目所需求的信息。通过不断练习，形成一种定式，然后把这种读法固定下去。

运用整体阅读法还应注意以下几点：

（1）熟记所用的阅读程序。如果记不清楚，可将它抄在纸上，对照阅读。

（2）按照编成的序号阅读。完成了前一个项目再进入后一个项目。阅读时，不能随意改换每一步的阅读目的。

（3）每完成一个项目，均要与程序规定的阅读要求进行对照。

（4）整体阅读法是快速阅读的一种重要形式，原则上只读一遍就要逐项完成程序规定的内容，一般不必重复阅读。

实践证明，在采用整体阅读法时，可以形成一种新的阅读习惯。按照整体阅读法的步骤有目的地进行反复训练，可以逐步达到只读一遍就能深入理解和真正掌握所读材料的境界。

第八节　长文速读法

阅读速度是影响阅读理解能力的重要因素。一篇长文章通常要三四节课才能读完，马拉松式的读书活动使学生在心理上感到厌烦，在精神上感到疲惫。若进行长文速读，学生的兴趣就会提升。而且，从心理学上讲，人身上潜在的某种需要，常常与功利性有联系，长文速读是高效读书活动，确实能调动学生身上潜在的学习需要。这种动力一旦调动起来，学生将会很快地把阅读思维能力搬入大脑能力载体。速读的方法有跳读、导读、略读等。

（1）跳读。阅读《琐忆》，可抓住作者回忆鲁迅先生的七件事进行跳读。我们要扣住每件事的内容、表述方式、作者的感受。这样不到 20 分钟就能读完了，而且抓住了最本质的东西进行思维活动。

（2）导读。阅读《包身工》，可以按包身工一天生活的时间顺序设计文章的结构图表。边读边填，把主要场面、典型人物、细节描写、议论说明的内容及这些内容的意义基本上填写。再边看文章、编坡跟你结构图，边归纳线索、中心大意及主要写作特点。要引导得当，“使学习者能够逐渐自求得之”，使学习者学得自主、乐意、有收获。在这种化难为易、化慢为快的刺激下，逻辑思维、形象思维能力将迅速进入大脑能力载体。

（3）略读。《为了周总理的嘱托》篇幅长、内容多，我们要扣住吴吉昌遵照周总理的嘱托研究棉花脱蕾问题这一主线进行略读。只要抓住了最基本的内容，很快就能把握文章“要科学与不要科学，要完成嘱托与不准完成嘱托的矛盾斗争”的内含，以及根据这一矛盾斗争安排层次结构、展开细节描写的写作技巧。

长文速读除了导之以法还要注意以下要领：

（1）要养成默读习惯。

（2）要养成整个认识的习惯，尽可能扩大视野，增加一次认知的字数。

（3）克服视线回视，学会视线定向运动和准确扫视的方法。

（4）要准确理解阅读的词句、句群、段落、篇章。

第九节　阅读暗病的纠治

在中学语文阅读教学中，当我们沿着“如何读”这个问题求索时，却不经意地忽视了一个最不应该忽视的内容——纠治学生的“阅读暗病”。这个暗病大致上有“假阅读”“阅读麻木”“阅读过剩”三种。

“假阅读”就是阅读和思想分离。眼睛看书，字字了然，而脑中想的却是另外一个问题，书中的信息完全没有或者很少进入大脑。如同电线短路一样，眼睛和大脑之间的神经通道处于抑制状态。有时当我们欣喜地看到学生正襟危坐、凝神苦读时，说不定他们中有的人早就神游到了另一个世界。

“阅读麻木”是一种纯粹受惯性支配而茫然无序，又从不反躬自省的阅读行为。其具体表现有三种：一是闲极无聊时，为了满足悄然而生的阅读欲，见书就看，哪怕是缺角的报纸也行，但看完后随手一丢，如过眼云烟转瞬即逝。二是积年累月，要读就读，要看就看，但从不有意识地整理阅读所得，脑海里所积累的知识呈自然无序状态。表面上好似兼收并蓄，学识广博，如细细整合加工，则发现零散无系统，所得甚少。三是视文学性读物为麻醉剂，从不深究书中的含义，“书云亦云”，六神无主。

“阅读过剩”指的是一味读书、盲目信书引起的迂腐。有这种阅读暗病的学生往往片面理解开卷有益，一有时间便“秉烛苦读”，恨不能据天下知识为己有。还有就是迷恋消遣读物，拿起书怡然自得，心醉神迷，放下书怅然若失，牵肠挂肚。另外，对名家名著顶礼膜拜，唯名家是求，唯经典是求，眼中清清楚楚，心下匆匆忙忙，只知从书本上索取精神养料，而从不奉献自己思想的结晶。

以上三种阅读暗病几乎在每个学生（甚至所有的读书人）身上都有不同程度的表现，所不同的是有的是综合征，有的是单一症。患单一症且较轻微的，只是使短时间的学习成果付之东流，而患有综合征的，则使几个月甚至几年的学习成果化为乌有。还有更为严重的是，我们的学生和不少教师对阅读暗病还不知不觉，依然醉心于“巧练”，热衷于“精讲”。但痼疾犹在，精心构思的阅读教学往往变为无效劳动，直接影响了教学的效果。那么怎样纠治阅读暗病呢？

根据上述三种症状，我们的诊断是：“假阅读”的病因是读者为功名所诱，被作业所累，阅读时心绪不宁、精神困顿。于是，不知不觉间外界信息乘隙而入，有时读着读着，“我能考上大学吗”“我还有数学作业未做完呢”等念头悄然而至，使自己的思绪游离书本，思考与学习无关的事情。“阅读麻木”的病因是阅读时随心所欲、信马由缰，“读前无所思，读后无所忆”。这里的“思”就是阅读目标、主攻方向等；“忆”就是必要的回顾。“阅读过剩”的病因是只读不用，只进不出，甘愿让自己的大脑成为别人思想的跑马场，从而带来思维的奴性化。纠治方法是分清情况，对症施治，处方如下。

治“假阅读”，从两个途径入手：一是培养专心读书的习惯，通过抗干扰训练、快速阅读训练等，学生一拿起书本就能全神贯注，物我两忘；二是教育学生具备高雅的阅读品德，求知必先立德，正确的阅读品德为求是求知、健全人格打下了基础。

治“阅读麻木”，要引导学生具备阅读战略意识。这包括两方面的内容：一是从时间上，先读得杂一些、多一些，后面则由博返约，读得专一点、精一点；二是从读物上，把重要的书放到精神状态最佳时读，将次要的或者娱乐性强一点的书籍留到精神倦怠时浏览。

治“阅读过剩”，要促使学生积极使用阅读所得的知识。要让学生明白，书本知识只有在使用时才会变得五彩缤纷，灿烂辉煌。而积极使用的主要途径有两个：一是读、思结合。书是死的，但认真思考的人却是活的；二是读、说、写结合。对重要的篇章是否真正读懂，领会了实质，最好的检验办法就是口能言、笔能写。而且通过口述和写作，学生能更专心地读书治学。

外伤易治，暗病难除。而阅读的暗病直接妨碍着我们的阅读教学。因此，我们必须争取让教学界的所有有识之士行动起来，争取全体中学生的积极配合，让阅读暗病能得到有效治疗。

第六章　附　录

第一节　快速阅读第一阶段训练范文

海洋矿藏

用“聚宝盆”来形容海洋资源再确切不过了。单就矿产资源来说，其种类之繁多、含量之丰富，令人咋舌。在地球上已发现的百余种元素中，有八十余种在海洋中存在，其中可提取的有六十余种。这些丰富的矿产资源以不同的形式存在于海洋中：海水中的“液体矿床”、海底富集的固体矿床、从海底内部滚滚而来的油气资源。

海水中最普通的物质是盐，即氯化钠，它是人类最早从海水中提取的物质之一。另外还有一种镁盐，它是使海水又咸又苦的主要物质。除了这两种物质，还有碘、溴硼、铷、钡等元素，它们一般在陆地上含量较少，分布较分散，但又极具价值，对人类很有用处。

据估计，海水中含有金 550 万吨、银 5 500 万吨、钡 27 亿吨、铀 40 亿吨、锌 70 亿吨、钼 137 亿吨、锂 2 470 亿吨、钙 560 万亿吨、镁 1 767 万亿吨等。这些大都是工农业生产的必需品。例如，镁是制造飞机、快艇的材料，又可以做火箭的燃料及照明弹等，是金属中的“后起之秀”，而目前世界一半以上的镁来自海水。

海水是宝，海洋矿沙也是宝。海洋矿沙主要有滨海矿沙和浅海矿沙，它们都在水深不超过几十米的海滩和浅海，因矿物富集而具有工业价值，是开采最方便的矿藏。从这些沙子中可以淘出黄金，还可以淘出比黄金更有价值的金刚石、石英、独居石、钛铁矿、磷钇矿、金红石、磁铁矿等。海洋矿沙成为增加矿产储量最大的潜在资源之一，越来越受到人们的重视。

这种矿沙主要分布在浅海中，而在深海处有着更多令人惊喜的发现，锰结核就是其中最有经济价值的一种物质。它是1872年至1876年由英国一艘名为“挑战号”的考察船在北大西洋的深海海底首次发现的。这些黑糊糊的者呈褐色的锰结核鹅卵团块，有的像土豆，有的像皮球，直径一般不超过20厘米，呈高度富集状态分布于300米至6 000米深的大洋底表层沉积物上。

据估计，整个大洋底锰结核的蕴藏量约为3万亿吨，如果开采得当，它将是一种取之不尽、用之不竭的宝贵资源。目前，锰结核矿成为世界上许多国家的开发热点。在海洋表层矿产中，还有许多沉积物软泥也是非同小可的，它们含有丰富的金属元素和浮游生物残骸。例如，一亿多平方千米的海底红黏土富含铀、铁、锰、锌、钼、银、金等元素，具有较大的经济价值。

近年来，科学家在大洋底发现了33处热液矿床，它们是由海底热液成矿作用形成的块状硫化物，多金属软泥及沉积物。这种热液矿床主要形成于洋中脊、海底裂谷带中，热液通过热泉、间歇泉或喷气孔从海底排出，遇水变冷，加上周围环境及酸碱度变化，矿液中的金属硫化物和铁锰氧化物沉淀形成块状物质，堆积成矿丘。有的呈烟筒状，有的呈土堆状，有的呈地毯状，从数吨到数千吨不等，是又一种极有开发前途的大洋矿产资源。

石油和天然气是遍及世界各大洲大陆架的矿产资源。石油可以说是海洋矿产资源中的“宠儿”，又被称为“黑色的金子”。据统计，1990年全世界海上石油已探明储量达2 970×1 010吨，海上天然气已探明储量达1 909×1 013立方米。石油、天然气加在一起的产值占了海洋中已知矿产物总产值的70％以上。

石油是“工业的血液”，然而目前全世界已开采石油640亿吨。所以人们将目光转向海洋石油资源。天然气是一种无色无味的气体，成分主要是甲烷。由于含碳量极高，所以极易燃烧，放出大量热量。1 000立方米天然气燃烧产生的热量相当于2.5吨煤燃烧放出的热量，因此天然气的价值在海洋中仅次于石油，位居第二。

第二节 快速阅读第二阶段训练范文

希望：从 1 000 元到 850 亿元

日前，希望集团欲将郎酒集团收编于麾下，以此作为进入白酒行业的契机。这是希望集团在美国《福布斯》杂志排名榜上跃居为中国内地私营企业资产擂主之后的一大新举措，也是在主攻饲料业，同时兼顾食品加工、生物工程、化工生产、金融等行业之后产业链的又一次完美延伸。

希望集团强大的经济实力和完善的运营机制决定了其多元化的经营和的不断扩张规模，希望集团已经成为私营企业健康发展的典范，而其引发的“希望现象”也被理论界作为研究私营经济发展的重要内容。

人们都想知道，希望集团从 1982 年起家的 1 000 元资本迅猛升值为如今的 850 亿元资产，从一文不名的小公司成长为全球知名企业，它是怎样顺利完成自己的积累，成为叱咤风云的商业大鳄的呢？其独特的经营理念与管理之道是什么？它今后的发展战略又将如何部署呢？

素质与成本 有升有降

“从外企学一点儿，从国企借鉴一点儿，从个体户那里总结一点儿，自己再创新一点儿。”这是希望集团的企业管理制度形成的重要途径，也是其独有的管理经验。

1992 年 3 月，希望集团总裁刘永行访问了美国的一家饲料生产企业，他发现，这家日产饲料 160 吨的企业，全部的生产管理人员仅有 7 个。当时的希望集团日产饲料 300 吨，用了 100 多人，这使刘永行大为震动。他深刻认识到：同发达国家相比，国内企业不是差在资金、技术和设备上，而是差在人员素质上。美国的这家企业根本没有验货员和化验员，对于原料供货和产品出厂，他们靠的是契约关系和信誉，而我们的契约经济还不成熟，因此，需要企业用一个庞大的体系去监督、审计，这无形中增加了成本。现在我们的产品中劳动力成本已占到利润的30%～40%，新公司有的已达80%，而20世纪90年代初这个比例只有5%～10%。改革开放20年，人们的工资收入增长近20倍，今后的工资水平肯定还要呈刚性上涨。如果顺推5年，我们的工资收入上涨2倍至3倍，以现有的毛利率推算，我们许多企业就会亏损，到时何谈竞争，又如何冲击世界500强呢？

意识到危机的存在，刘永行向人们展示了其管理风格中“铁腕儿”的一面。“最可靠的利润是通过管理从自己牙缝中省下的东西。”这句话成为刘氏管理术的核心内容，刘永行开始实施精简机构、合署办公、定岗定员、一兼多职、节省开支等一系列被称为“精细化管理”的组合拳。在1995年之前，希望集团的一个公司水耗是每月17 000吨，而现在只有1 700吨，整整节约了90%的水资源。人员素质的整体提高带来了生产成本的降低，从而直接带动了企业高速、平稳的发展。

诚信与利润　谁居其上

在适者生存的游戏规则下，没有优势的企业会被淘汰出局，诚信为本的原则将是国内企业实实在在建立自己独特竞争优势的基础。

希望集团一开始在四川做饲料做得非常好，1993年就到上海投入500万建了一个饲料厂，到1994年，它的饲料在各地都打出了名气，来抢运饲料的船在长江上排到几千米外，而且要等28天才能拿到饲料。这样的情况持续到1996年，市场开始稍微有些疲软。这时上海公司的销售部提出，饲料销路不好，应该降低价格，但由于原料价格居高不下，就只有从降低质量中获取利润。结果此举让农民蒙受了损失，中间商却占了大便宜。时间不长，销售量就迅速滑坡，上海公司的饲料销量从一万吨一下跌到一千多吨。

经过在上海一个多月的调查，刘永行发现上海公司是在透支无形资产的情况下，赚了不该赚的钱。于是刘永行决定向农民谢罪，他把所有的饲料价格都放在盈亏线上，与农民共同渡过难关，在华东地区实实在在付出了3 000万元，到次年9月份销量又恢复到1万吨。

刘永行颇有感慨地说：“一个企业要想长期地在社会上生存下去，要想健康地成长，必须有社会责任感，不能过分投机。在中国社会转型期间当然会有很多的机会，如果我们企业家把这个注意力完全集中在机会上，而忽略了对社会的承诺，那么这个企业是做不长的。不管现在多么红火，它都是做不长的。目前中国既然要加入世界贸易组织，那么企业就应该回归本质。我认为中国企业家在中国社会转型过程中，既要抓机遇，又要培养自己的核心竞争力，培养自己的人才。从这方面下功夫，你就不会太浮躁，不会不道德地去获取利润。”

合纵与连横　稳中求胜

在摸爬滚打中长大的民营企业对于自己的每一步都是非常慎重的，希望集团也一样。据刘永行先生介绍，目前希望集团实行的是积极的投资政策和保守的财务措施。也就是说，他们要投资一个企业必先进行相对风险分析。你要投资这个领域，你有什么优势？能够创造什么优势？你跟同行业的强手比较有什么优势？尽管市场是变化的，但如果你能始终占有相对优势，那么市场的波动就不会对企业造成太大的问题。而如果只是计算你投资市场能够赚多少钱的话，那么市场一变、价格一变，就可能对企业造成很大的损失。刘永行说：“我们就是根据这个判断来决定我们是否要投资的。在投资之前，我们还要进行最坏后果分析，如果投资失败会对我们造成什么样的影响，我们能够承受吗？能承受我们就上，承受不了就拉倒。”

2001 年 4 月 5 日，东方希望投资有限公司与江门甘蔗化工厂（集团）股份有限公司签署协议，从该公司接手了光大银行 1 024 万股的股权，在此之前该公司已经从中国轻工物资供销总公司华东公司受让了 462 万股。这位中国饲料大王在接受采访时称：“这仅仅只是开始，我还有三五亿元资金投入，这是一个小小的开场曲。”

事实上，刘永行手里还捏着一张更大的王牌——正在筹建的民生保险公司。东方希望公司在已经注入 5 000 万元股本的基础上，又准备追加 1 亿元。因为国家批准民生保险注册资金为 10 亿元人民币，一旦追加成功，刘永行的股权将达到 15%（单一股东最高限度），成为第一大股东。另外，即将浮出水面的4家民营银行，其中也有希望集团的影子。对于银行的运作，希望集团要让专门的经理人、金融家来做，并采取招聘的方式聘请这方面的专家，实行所有权和经营权相分离的制度。

据了解，希望集团几乎都是用自有资金进行投资的，用刘永行的话来说，这样做是为了“避免陷入债务危机”，况且“我们的自有资金完全能够周转”。希望集团包括购买光大银行的股权、购买民生银行的保险、海外发展在内，累计金融或者股权投资资产总额达两亿多元。此外，用于短期投资的就有三亿多元，而这些短期投资随时都可以变现。刘永行说：“现在我们分公司的流动资金也全部是自己的，在投资上我们有充分的实力，我们还有很好的贷款空间。对于一些好项目，我们还可以利用分公司向银行借贷来做中长期投资。”

第三节　快速阅读第三阶段训练范文

画一条线　换一种思维

读书的时候听过这样一个故事：美国某企业发现一台重要机器出了故障，全厂上下伤透脑筋，谁都找不出真正原因。最后请来某著名工程师解决难题。一小时后，工程师在电机的铜线圈上画了道线，说：“除去一圈铜线就行了。”试后果然奏效！企业问工程师需要多少酬金。工程师开出的价码让所有人大吃一惊：1 000美元！大伙儿愤愤不平，凭什么画道线就值1 000美元？工程师笑道：“不，画道线只值1美元，而知道在何处画，值999美元。”

讲故事的老师大约是为了教导我们要懂得如何运用知识，不过这个故事也告诉我们另一个道理：只要换一种角度来思考，事物的价值就在我们身边。

谁能想到出租车的诞生是因为马车夫的奚落。一个寒风凄厉的秋夜，一个名叫约翰的中年人从剧院走出来，不由得打了一个寒战。

当时的马车是专为贵族服务的。约翰向马车夫询问租价时，马车夫出的价格令他大吃一惊。他耐着性子和马车夫讨价还价，但马车夫却不耐烦地说：

"租不起马车，你不是还长着两条腿吗?"

马车夫的话深深地刺伤了约翰的心。若是换了旁人，遭受这样的奚落大多就是狠狠地骂上几句，可约翰并不是如此。在迎风回家的路上，他一直在苦苦思索着一个问题——到底什么样的交通工具既方便又可服务大众呢?

有一天，约翰在盯着川流不息的车辆出神时，突发奇想——何不换一种用法，把汽车也用来出租呢? 于是，在他的策划下，世界上第一辆出租车就此诞生了。

打开电视，随时可见化妆品的广告，那么它们怎样在这个市场找到出路呢? 法国某品牌没有跟着大潮走进大商场，反而把自己的化妆品卖到了药店，就此打开了市场大门，并在3年内得到了消费者的认可。人人都知道现代人追求自然、追求健康，化妆品也跟随了这一潮流，不是每一个商家都能想到要用健康做桥，打开另一扇门的。

画出一条线，换一种思维，不仅有可能带来财富，还有可能走出新天地。

炭疽热、天花、沙林——三大"杀手"威胁人类

不需要大量的金属、火药，也不需要庞大的设备和加工车间，只要一间实验室，成功培育病原体，就可以生产出便宜又具有巨大杀伤力的细菌武器——生化武器。目前，炭疽杆菌、天花病毒、沙林毒气已成为世界上危及人类生存的三大生物化学武器。

细菌杀人的历史

炭疽并不是一种近几年才出现的高科技细菌武器，早在抗日战争时期，就曾有过数百万的中国人死于日军研制的炭疽杆菌。

为了减少传统战争所需要的巨大资源消耗，日军开始研究细菌武器，担任研究的秘密部队便是"731部队"，他们用逮捕的中国人实验炭疽病菌干粉。

用于实验的中国人一般先被关进炭疽干粉区，吸入粉末，感染肺炭疽或是让被弹片划伤的皮肤感染皮肤炭疽，然后被带入实验室。日军的细菌专家对他们进行了各种"治疗"后，便将他们杀害。尸体放在解剖室，供病理解

剖之用。利用这些中国人的血肉之躯，日军制成了各种细菌武器。没过几年，日军便建立起一条月产炭疽菌粉末200千克的生产线。此外，日军还有月产500千克霍乱病菌、月产500千克伤寒病菌，以及月产250千克鼠疫杆菌的生产线。

从1939军至1942年，731部队生产炭疽等病菌有数十吨之多，主要投放在中国的各个地区。战败后，日军担心受到世界各国的谴责，迅速毁坏了所有研究设备和用品，并将大部分不宜携带的炭疽杆菌、鼠疫杆菌等散播在华中一带。

天花病毒曾在数个世纪里导致了数以千万计的人死亡，并多次改变了历史进程。20世纪最后一次天花病毒流行是在1977年，发生在索马里。1980年，联合国世界卫生组织正式宣布天花绝迹，并呼吁所有成员国停止接种牛痘疫苗。

造成震惊世界的日本东京地铁事件的罪魁祸首便是沙林毒气。1995年3月，日本奥姆真理教5名信徒将六七千克的“沙林”混合液释放在东京地铁里，短短十多分钟内造成12人死亡，14人终身残疾，5 000多人受伤。

生化威胁险过劫机撞楼

有关人士指出，生物战中的炭疽杆菌及天花病毒，远比“9·11”劫机撞楼事件更为严重。

人类虽然已研制出了炭疽杆菌疫苗，但由于副作用较大，一般只在特定人群（如军人、牧场工人）中使用。虽然一般人注射疫苗后会产生抗体，但想一直拥有抗体，还必须定期持续注射疫苗。

天花的免疫期只有10年，也就是说全世界的人现在都没有了天花免疫力。如果天花重新流行，只有接种牛痘疫苗才能抵御。然而再接种牛痘并不是那么简单的事，因为牛痘的副作用不仅会让人产生一系列反应，甚至会造成生命危险。美国病症控制中心指出，除非已确认天花将要流行，否则不到万不得已时是不能接种牛痘疫苗的。

与此同时，美国的科学家正紧锣密鼓地研制各种对付炭疽病菌的设备。

据美国《商业周刊》报道，加利福尼亚州一家生物技术公司正着手研制背包大小的便携式DNA实验室。有了这个便携式实验室的帮助，检测人员可以在1小时内查出病菌的遗传密码，从而确定病菌的种类。

悲剧有可能重演

美国医疗协会曾宣布，目前世界上有17个国家正在研制各种类型的生物武器，而伊拉克早在1995年就已有相当数量的炭疽武器。

尽管自然界的天花病毒已告消灭，但天花肆虐期间，世界上曾有一百多个国家的实验室保存过天花病毒，即使是现在，还有两处保存天花病毒的正式场所：美国亚特兰大疾病控制中心、俄罗斯新西伯利亚维克托实验室。

生物武器是“沉默杀手”，它的潜伏期较长，而它的传染性又可以使每个被感染者成为感染别人的“生物武器”。

美国官方估计，世界上已有数个恐怖组织拥有生物武器，并极有可能在未来几年内使用。有关专家认为，最有可能被用作恐怖活动的生物武器便是炭疽及天花的病原体。

炭疽是在牲畜间传染的细菌，虽然不会通过人传染，但是它无色无味，常常不易察觉。当它大量爆发，感染它的人症状明显、被确诊时，病情已进入晚期，死亡率高达95%。一个人只要吸入8 000个炭疽杆菌孢子就可能致命。也就是说，在一座500万人的城市中散布50千克的炭疽病毒，就有25万人罹病。

传播天花病毒也易如反掌。据了解，液状天花病毒的传播手段比较简单，将病毒放入喷洒雾剂的小容器中在封闭的场合喷洒，就能造成极大的传染范围。当第一个感染者出现发烧、疼痛等非典型症状时，早已有更多的人感染上了。如果国际机场被喷洒了天花病毒，那么不出几天，天花就会遍布世界各地。

除了炭疽杆菌与天花病毒，肉毒杆菌杆菌、鼠疫等也都有可能被用作生物战剂。

资料

炭疽热是一种由炭疽杆菌引发的急性传染病，主要发生在牛、羊等低等脊椎动物身上，正常情况下人类感染的概率只有1 000 :1。炭疽杆菌以液态或固态的形态存在，主要是孢子形式，它能不受阳光、热和消毒剂的破坏而在自然界中长期存活。炭疽热主要是通过皮肤接触、通过空气传播、通过食用受染肉类引发。其中，通过空气传播引发的呼吸性炭疽热后果最为严重，致命率为95%～100%。

炭疽杆菌的培养相对较容易，便于大量生产，又可以长期保存。有些国家已经将它作为生化武器的重要开发项目。

天花是世界上传染性最强的疾病之一，病原体是一种病毒，能在空气中以惊人的速度传播，最初出现在古埃及，后来扩散到世界各地。天花经过两周的潜伏期后，症状表现为先发高热、浑身剧痛、全身出红色丘疹，变成疱疹，最后成为脓疱中间凹陷。

天花病毒不仅繁殖很快，而且能在感染15天至20天达到30%的致命率。染上天花，不幸者丧生，侥幸活下来的人则一脸麻子。

沙林学名甲氟膦酸异丙酯，主要麻痹人的中枢神经。它是二战期间由德国研制出来的一种致命的神经性毒气，无色无味，杀伤力极强。沙林散发到一定浓度，可以使周围1.2千米内的人受伤和死亡。不慎吸入沙林，很可能会在15分钟内毙命。

沙林毒气很容易得到和储存，但不易大规模生产，只适合发动个别的、小规模的袭击。

未雨绸缪　开发太空

世界著名物理学家、霍金曾指出，人类面临的最大威胁不是来自物理方面，而是来自生物方面。在21世纪结束前，某一种“世界末日”的病毒有可能使人类在地球上灭绝，而人类唯一的出路就是向太空发展。

霍金说："尽管9月11日恐怖分子劫机撞毁世贸大楼和五角大楼的事件是可怕的，但毕竟它不会威胁到整个人类的生存，从长远来看，更应该担心的是生物武器。核武器的生产需要庞大的设备，而生物武器的制造在一个小小的实验室里就能完成。人们根本就无法控制世界上所有的实验室，也许有意或无意之中我们就制造了某种可能彻底毁灭人类的病毒。

"我想，人类有可能在21世纪末面临灭绝的危险，除非我们向太空发展生存空间。仅仅依赖一个星球（地球），生命中可能发生的、无法预料的悲剧实在太多了。"

开发太空，到外星球去建立人类的定居点——这好像还是昨天科幻小说中的故事，但今天和明天，它也许将是人类远离灭顶之灾的一个"安全出口"。

第四节　快速阅读第四阶段训练范文

环境造就了鱼：一种章鱼"七十二变"

《西游记》中的孙悟空会七十二变，现实中的章鱼也可以。最近，英国和澳大利亚两国的科学家就发现了一种会变成其他动物的章鱼。

这种奇特的章鱼生活在印度尼西亚苏拉威西岛和巴厘岛的河流入海处，身长约60厘米，触角很长，全身呈棕色。章鱼可以改变身体的形状和颜色，模仿许多海洋有毒动物的外形，使自己的天敌不敢轻举妄动。

这种章鱼经常模仿的动物包括窄体舌鳎、蓑鲉和海蛇。它可以通过喷气使自己达到一定速度，然后收紧全部触角，使身体变得像一片树叶一样，远远望去，就是一条随波逐流的窄体舌鳎。如果它伸直所有触角，借此模仿蓑鲉和它有毒的鳍，再加上颜色的变化，它变成的蓑鲉就能以假乱真。这种章鱼通过改变身体颜色，模仿海蛇身上的黄黑条纹，同时收紧六条触角，只留剩下的两条在水中挥舞，就像两条真的海蛇在游泳一样。更为厉害的是，这种章鱼可以根据附近的敌人来决定“变”成哪种动物。例如，当它被小热带鱼袭击时，就会模仿敌人最大的天敌——带条纹的有毒海蛇来吓走攻击者。

研究人员认为，这种章鱼的神奇本领都是恶劣的环境锻炼出来的。英国利兹大学的布朗教授分析说：“最令人激动的动物行为只有在恶劣的自然环境中才能见到。这种章鱼最初可能因为捕食而从珊瑚礁搬到河流入海口处的泥滩上。可泥滩地形单调，使它无处藏身，因此很容易遭到梭鱼、鲇鱼和鲶鱼的捕食，而那些长得像窄体舌鳎、蓑鲉或海蛇的章鱼则得以生存。所以，这种特殊的生存方式经过自然选择被保留了下来。”

科学研究发现人类远祖没有青春期

经常可以听到有处在青春期的孩子的父母抱怨，“我家儿子怎么越来越不听话呢？要是他们能够跨过这个时期，直接长大成人该有多好呀！”社会上也经常用“愣头青”“青苹果”这样的字眼儿来形容青少年。最近科学家通过研究发现，青春期是人类特有的“专利”，我们的原始人祖先要比我们“早熟”得多。

众所周知，人类需要18年至20年才能长大成人，而其他灵长类动物如黑猩猩或大猩猩在十一二岁时就“成家立业”了，这种生长发育上的区别主要表现在人类有青春期。但是在人类的进化过程中，青春期到底首次出现在哪个历史阶段呢？这个问题一直困扰着考古学家和古人类学家。《自然》杂志上刊登的一篇论文指出，人类青春期的出现要比此前科学界所认为的晚得多。

早期人类的进化经历了能人、直立人、智人等阶段，它们分别生活在200万至220万年前、180万至30万年前及25万至4万年前。由于直立人在身体外形上与现代人类比较接近，只不过颅容量较小，科学界猜测直立人的发育过程可能与人类相似。也就是说科学家原以为80万年前的人类已经有青春期了，但这篇由英美几所大学的研究人员共同完成的报告却认为，青春期的出现在人类进化史上是相当“近代”的事，很可能首次出现于生活在30万年前的尼安德特人身上。而直立人更像类人猿一样发育成长，他们跳过青春期，从儿童直接到成年，在十四岁左右就完全成熟了。一位古人类学家开玩笑说，那时候当父母比现在容易多了。

世界瞩目的中国古生物界

2001年年初，一幅中国科学家正在发掘古生物化石的照片登上了美国《科学》杂志的封面，这期杂志以9页篇幅盛赞中国近年来在古生物学研究领域取得的成就。这家杂志新闻部副主编杰弗里·梅尔维斯说："这是《科学》第一次辟出如此多的版面就中国科学的某个专门领域进行如此深入的报道。"

10个月之后，另一本享有极高学术地位的国际学术期刊《自然》杂志与美国芝加哥大学出版社合作，收集了15篇首次报道中国一系列古生物学新发现的原始文章和《自然》杂志对这些文章的评论，汇编成名为《腾飞之龙》的英文专集。紧接着，《自然》杂志又与中国国家自然科学基金委员会联合出版了该书的中文版。

2001年10月10日，一批国内外知名的地质古生物学家会聚北京，参加在这里举行的"探索地球生命演化——中国古生物学研究十五年回顾与展望国际研讨会"。前来参加会议的二十多位国外科学家都是古生物学领域的国际权威和学科带头人，他们中有国际古生物学会副主席、英国皇家学会会员、美国科学院院士、瑞典科学院院士等。

科学家告诉我们，现在生活在地球上的生物约有300万种，但曾在地球出现过而最终灭绝了的生物则远超此数。过去40亿年来，生物经过不断演化、繁衍，形成了今天千姿百态、种属繁多的生物界。在地球生活过的古代生物，一部分在死后被沙泥迅速埋藏，尸体得以在沉积的沙泥中保存下来，经过千百万年的石化作用，这些生物的遗骸终于变成了化石。

了解生物，包括人类自身的进化过程，最可靠的证据就是从地层出土的古生物化石。也正是由于缺少足以提供证据的化石，科学界对于包括达尔文的进化论在内的一系列论断一直存有争议。寻找并分析化石正是古生物学研究的重要内容。

近百年来，我国的地质古生物学研究积累了大量的资料，研究工作已经覆盖了从东海到青藏高原、从南海到塔里木盆地的广阔地域。然而真正令世界刮目相看、引起世界学术界极大关注的是：近15年来，我国古生物学家获得了一系列珍贵的古生物化石标本，它们跨越近7亿年的地质历史。其中，贵州瓮安磷块岩中保存的精美胚胎化石，为研究6.7亿年前的动物提供了直接化石证据；20世纪90年代中期，科学家掌握的古脊椎动物化石年代最远为距今4.75亿年，但是过去几年中国科学家在云南澄江发现的寒武纪化石群落，将脊椎动物的出现提前到了5.3亿年前；中生代的辽西生物群展示出地质历史中又一生物繁茂的壮观景象，其中孔子鸟和几种长羽毛的恐龙化石，为鸟类起源于恐龙的假说及鸟类飞行起源找提供直接证据；浙江长兴煤山等地发现的记录2.5亿年前生物大绝灭过程的地层，使中国掌握了解密地球早期生命演化的金钥匙。

“百年磨一剑”的艰辛

近15年来，中国古生物学界的一系列发现因态势迅猛、出人意料而使国际科学界大为震惊。但是，中国在古生物学领域里的显著地位绝不是轻易得来的。近百年来，许多富有献身精神的中国科学家在困难的条件下默默无闻地艰辛探索和勤奋研究，才赢得了今天世界范围内对中国古生物学的敬重。

例如，中国辽宁省中生代热河生物群早在其产生世界影响之前就因带羽毛恐龙、鸟、哺乳动物、开花被子植物和喜花昆虫等精美化石而为人们所了解。该动物群及其基本地层早在1928年就由中国古生物学奠基人之一葛利普所描述。20世纪50年代，大部分热河生物群的化石已有记载，其生物地层层序也已建立。20世纪80年代，热河生物群因其特有且丰富的鱼类、节肢动物、昆虫及原始角龙类的代表鹦鹉嘴龙已为广大地质学家所熟知。这些化石分布广泛，曾被用于中国北部和东部至亚洲中部陆相沉积的生物地层对比。

脊椎动物化石发现的新高潮始于1987年中国鸟化石的发现，随后是中国科学院古脊椎动物与古人类研究所研究员周忠和于1990年在波罗赤化石点发现的几种新的鸟化石，以及1993年发现的孔子鸟和哺乳动物张和兽。这些化石成为以后几年更加令人注目的化石发现的先导。

由中国地质科学院研究员季强和中国地质博物馆研究员姬书安研究的中华龙鸟和原始祖鸟——两种长羽毛状结构的羽毛恐龙，是中国古脊椎动物科学研究史上极为重要的新起点。此后的短短几年里，丰富多彩且数量惊人的重要化石在辽宁北票四合屯及其邻近地区出土。长羽毛恐龙为兽脚类恐龙与鸟类之间密切的亲缘关系提供了生动的证据，因此全世界的科学刊物和新闻媒体均配以醒目的大标题加以报道。这一成果是经数十年研究和探索才得到的。

中国西南地区前寒武纪和早寒武纪生物群的研究也有与热河生物群研究十分相似的历史过程。早在 20 世纪 40 年代，地质学家就在华南前寒武纪和早寒武纪地层中发现了磷块岩，这些成果远在这些地层因发现罕见的保存软体组织化石而闻名遐迩之前便已取得。

中国云南早寒武纪澄江动物群被学术界认为可以与加拿大著名的中寒武纪布尔吉斯页岩的动物群相媲美。云南大学教授侯先光 1984 年发现的保存丰富的软体保存的化石最先展示了这个重要动物群的面貌。随后，南京地质古生物研究所的科学家很快发表了大批有关澄江动物群的研究成果。中国一流古生物学学术刊物《古生物学报》在 1987 年第 3 期中刊载了 6 篇报道澄江新发现的保存软体组织的化石的论文。该刊物在 1988 年至 1990 年又发表了 8 篇有关澄江动物群中新发现的生物化石的论文。

北京大学已故的张昀教授最早发表了有关贵州瓮安前寒武纪陡山沱组化石系统研究的论文，随后，南京地质古生物研究所研究员薛耀松等人也发表了相关论文。中国科学院地质研究所研究员陈孟莪和其他许多科学家也研究了在长江三峡地区广泛出露的陡山沱组的生物群。

这些早期的描述性文章大多数注重藻类的小壳化石，而且是用中文发表的。尽管这些动物群已为中国学者所熟知，但其对远古时代——寒武纪过渡时期生命演化的深远意义，在当时尚未引起国外学者的重视。直到 20 世纪 90 年代初，这些丰富多彩的生物群的系统分类和地层资料才通过用英文发表的评论性和综述性文章被广泛介绍和传播到国际学术领域。

美国匹兹堡卡耐基自然历史博物馆专家、美籍华人科学家罗哲西评论说，中国古生物学研究近年来所取得的巨大成功是一部科学史剧，经过漫长的序幕之后才出现高潮。

成功奥秘：身在中国与改革开放

“探索地球生命演化中国古生物学研究十五年回顾与展望国际研讨会”上，学者在慨叹中国科学家的艰苦奋斗精神的同时，也指出了中国古生物学界取得成功的两大法宝：一是身在中国；二是中国的改革开放政策。

在世界上，我国被称为“古生物王国”，保留的化石记录尤为丰富，近十几年新发现的化石十分罕见。它们完整的保存状态和丰富多彩的形态使许多曾经因化石不完整而吃尽苦头的古生物学者如获至宝。5.7 亿年前的生物个体发育过程栩栩如生地留存下来；十几具保存完美的恐龙的骨骼居然还披覆华丽的羽毛；成千件孔子鸟化石，相当于以前一百五十余年全世界收集到的中生代鸟类化石总和的 50 倍。

中国在世界古生物学领域脱颖而出与化石是分不开的。但是，仅有化石是远远不够的。中国古生物学的成就与 1979 年以来中国进行社会、政治和经济改革是密不可分的。

改革开放带来的一个重要变化就是各个科研机构之间出现的竞争，这不但有助于科研水平的提高，也使我国科学家在国际学术期刊上发表更多的科学论文。最富有戏剧性的实例是：由于争相取得重要研究成果，长羽毛恐龙“中华龙鸟”的正型标本分成了正、副模，同一化石的两半各自被不同的研究单位所收藏。

另一个变化是改革开放政策极大地鼓励了国际科研合作，使科学信息更有效地向全世界传播。收入《腾飞之龙》一书的科学论文和相关的评论文章出自中国 6 所科研机构的 25 名科学家，以及其他 6 个国家 18 所科研机构的 20 名国际合作者。这不但是中国古生物学家与国外同行卓有成效的合作，也有力地说明了科学是超越国界的。正因为有自由通畅的科学交流和古生物学界的国际合作，我国发现的化石及科研成果才能够以很快的步伐走向世界。

《腾飞之龙》一书英文版主编、《自然》杂志高级编辑亨利·基在评论中国古生物领域的巨大成绩时说，当世界古生物学界“像中世纪的地图绘制师面对地图上巨大的空白区，只能根据道听途说填补地图上的空白”时，中国科学家的成果改变了他们的处境，他们转而“寄希望于龙的故乡——中国”。由于对中国的改革开放政策和中国的发展充满信心，亨利·基又预言：中国古生物领域在今后一段时期“将会充满惊奇”。事实上，据我国国家自然科学基金委员会副主任马福臣透露，经过中国科学家的艰苦发掘，近年来又有很多完美的化石标本正在研究之中。不久的将来，古生物领域会有更多、更精彩的新发现公布于世。

中国生态环境状况

中国生态环境的基本状况是：总体在恶化，局部在改善，治理能力远远赶不上破坏速度，生态赤字逐渐扩大。主要表现为以下几个方面。

水土流失严重。中华人民共和国成立初期，全国水土流失面积为116万平方千米。据1992年卫星遥感测算，中国水土流失面积为179.4万平方千米，占全国国土面积的18.7％。中国水土流失特别严重的地区（从北到南）主要有：西辽河上游、黄土高原地区、嘉陵江中上游、金沙江下游、横断山脉地区，以及部分南方山地丘陵区。

沙漠化发展迅速。中国是世界上沙漠化受害最深的国家之一。北方地区沙漠、戈壁、沙漠化土地已超过149万平方千米，约占国土面积的15.5％。20世纪80年代，沙漠化土地以年均增长2 100平方千米的速度扩展。25年共丧失土地3.9万平方千米。目前约有5 900万亩农田，7 400万亩草场，2 000多千米铁路及许多城镇、工矿、乡村受到沙漠化威胁。

草原退化加剧。20世纪70年代，草场面积退化率为15％，20世纪80年代中期为30％以上。全国草原退化面积达10亿亩（约66. 7平方千米），目前仍以每年2 000多万亩（约1. 33多万平方千米的）退化速度在扩大。由于草原退化，牧畜过载，牧草产量持续下降。

森林资源锐减。中国许多主要林区，森林面积大幅度减少，昔日郁郁葱葱的林海已一去不复返。全国森林采伐量和消耗量远远超过林木生长量。若按目前的消耗水平，绝大多数国营森工企业将面临无成熟林可采伐的局面。森林赤字是最典型的生态赤字，当代人已经过早、过多地消耗了后代人应享用的森林资源。

生物物种加速灭绝。据估计，中国约有15％～20％的植物物种处于濒危状态，仅高等植物中濒危植物就有4 000种至5 000种。30多年来的资料表明，高鼻羚羊、白鳍豚、野象、熊猫、东北虎等珍贵野生动物分布区显著缩小，种群数量锐减。属于中国特有的物种和国家规定重点保护的珍贵、濒危野生动物有312种，正式列入国家濒危植物名录的第一批植物有354种。

地下水位下降，湖泊面积缩小。多年来，由于过分开采地下水，在北方地区形成8个总面积达1.5万平方千米的超产区，导致华北地区地下水位每年平均下降12厘米。1949年以来，中国湖泊减少了500多个，面积缩小约1.86万平方千米，占现有面积的26.3％；湖泊蓄水量减少513亿立方米，其中淡水量减少340亿立方米。

水体污染明显加重。据1987年典型城市监测调查，有42％的城市饮用水源地受到严重污染，63％的城市受到不同程度的污染。在调查的532条河流中，有82％的河流受到不同程度的污染。全国约有7亿人口饮用大肠杆菌超标水，约有1.7亿人饮用受有机物污染的水。

大气污染严重。中国大气污染属于煤烟型污染，北方重于南方；中小城市污染势头甚于大城市；产煤区重于非产煤区；冬季重于夏季；早晚重于中午。目前中国能源消耗以煤为主，约占能源消费总量的3/4。煤燃烧产生大量的粉尘、二氧化碳等污染物，是中国大气污染日益严重的主要原因。近年来，被称为“空中死神”的酸雨不断蔓延。

废渣存放量过大，垃圾包围城市。中国废渣年产生量已超过5亿吨，处理能力赶不上排放量。1988年全国积存量为66亿吨，人均6吨废渣。据统计，全国城市生活垃圾年产量为6 000万吨，比10年前增加了一倍。在380个城市中，至少有2/3的城市处在垃圾包围之中。仅北京三环、四环路之间就有50米以上的垃圾山4 500多座，占地超过7 000亩（约4.7平方千米）。

环境污染向农村蔓延。乡镇企业的迅速发展成为农村工业化的重要方向，以及二元经济结构向现代经济结构转变的中介。与此同时，它也给农村带来生态环境更大范围的污染，对农业资源、矿产资源造成更为严重的浪费。1978年以前，农村环境污染源主要是化肥、农药等，1978年以后乡镇企业成为农村主要污染源。

环境是一种特殊资产。生态破坏、环境污染本身就构成经济损失和财富流失。生态指标恶化已经直接而明显地影响了现期经济指标和预期经济趋势。

造成目前中国生态环境不断恶化的原因是多方面的，也是复杂的。它主要来自以下三大压力。

人口压力。中国现代人口数量增长异常迅猛，既成为中国现代化进程的最大障碍，又成为中国生态环境的最大压力。迫于生存，人们毁林开荒、围湖造田、乱采滥挖、破坏植被，人类众多不合理的活动超过了大自然支持系统的支付能力、输出能力和承载力。

工业化压力。中国开始工业化的时间晚，发展起点低，又面临赶超发达国家的繁重任务，不仅以资本高投入支持经济高速增长，而且以资源高消费、环境高代价换取经济繁荣。重视近利、失之远谋，重视经济、忽视生态，短期性经济行为为中国生态环境带来长期性、积累性后果。

市场压力。中国正处在市场经济转型过程中。市场经济本身会产生许多外部经济效应或者外部不经济效应，环境污染就是外部不经济效应最明显的例子。环境是一种公共财产，这种公共财产（如清洁水、良好的大气环境），对所有人都有好处，且多一些人享受它的好处并不会加大总成本。但是如果没有公共财产，所有人的利益都会受损。公共财产或者公共财产受到破坏（如污染水、污染大气等）的特点决定了个人或市场都不会提供维护公共财产的费用和服务，只有政府是公共财产的提供者。来自市场经济的压力越大，政府对防治环境污染、整治国土资源的责任就越大。

为了改变中国日益恶化的环境形势，我们应当采取刻不容缓的行动，否则日益扩大的生态赤字将使其他领域所获得的成绩不是大打折扣，就是黯然失色。

太阳系外行星探测的新发现

科学家使用哈勃望远镜观测到一颗太阳系外的行星，了解了它的大气化学成分，这为寻找类似地球的行星提供了新的希望。

“宇宙是无限大的，其中的各个世界是无数的。”在布鲁诺写下这句话之后很长一段时间里，人们对这种说法怀有认同感，但是却拿不出实际的观测证据。在宇宙中有数不清的恒星，按说理应存在为数不少的行星。但是观测行星比观测恒星困难得多。行星比恒星的体积小很多，更关键的是行星不发光，常规的观测手段——主要是光学波段的观测——很难奏效。事实上，即使是最大口径的天文望远镜也不能直接拍摄到太阳系以外的行星的照片。而地外文明——倘若存在的话——只可能存在于行星，而不是炽热的恒星表面。那么，怎样才能找到太阳系之外的世界呢？

捕捉行星的影子

太阳系外的行星总会露出点蛛丝马迹。直接观测不行，还可使用间接的手段。我们知道行星绕恒星运转是因为引力的作用。在地球上我们能感觉到太阳和地球之间的引力作用的效果，也就是地球每年绕太阳运转一周，但是我们很少注意到地球对太阳的作用。严格地说“地球绕太阳运转”是一种粗略的说法。正确的说法应该是：地球及太阳系所有天体绕太阳系的质心运动。一个更清楚的例子是双星，人们在描述双星的时候更倾向于说两颗子星绕共同的质心运转，而不是把哪一颗作为占主导地位的恒星。

这一观念有时候会帮天文学家的大忙。人们曾经认为天狼星没有伴星，当时的观测手段也无法拍摄到天狼星伴星的照片。但是科学家发现，天狼星在星空背景上以波浪线的方式移动。一种解释就是，天狼星有一个质量不算太小的“隐形”伙伴，它们相互绕行，因此天狼星的运动轨迹才会如此古怪。后来，借助于更先进的望远镜，人们终于拍摄到了天狼星的伴星，那是一颗发着微弱光的白矮星。

1995年，几位科学家借助这个概念寻找褐矮星（一类质量相当小，几乎不发光的次恒星），他们观测遥远恒星的光谱。如果恒星拥有褐矮星伙伴，在地球上的科学家看来，恒星会微微地“晃动”。表现在光谱上，由于多普勒效应，恒星的光谱会发生周期性的红移和蓝移。他们发现恒星飞马座51可能拥有褐矮星，然而经过仔细计算，他们发现了一件不可思议的事情：那颗褐矮星的质量实在太小了，大约只有木星的一半。最终的结论是，飞马座51拥有的不是一颗恒星伙伴，而是一颗行星伙伴。这个不同寻常的发现调动了人们的热情，仅仅过去6年，已经有超过70颗行星被这样发现。

三天半，就是一年

这种间接的手段尽管有效，但是并不令人满意。我们只知道那里有一颗行星，它的轨道参数大致是多少，是什么性质的恒星（迄今发现的绝大部分是类似于木星的气态行星）都无从得知。

1999年，科学家在飞马座发现一颗叫作HD209458的恒星拥有一颗行星。这颗行星的质量大约是木星的70％，以每3.5天绕恒星运转一周的疯狂速度运行着（它距离恒星非常近，以至于表面温度有1 000摄氏度以上）。这颗行星有一个性质，那就是从地球观察者的角度来看，每3.5天它都会飞临HD209458的表面，这被称作“凌日”现象。

我们知道，当一个连续光谱（比如太阳光就是连续光谱，即在一定范围内包含了频率连续的电磁波）穿过较冷的气体时，气体中的元素会吸收掉一部分特定频率的光，每一种元素可以吸收的光都不同。使用光谱仪拍摄这种光谱的照片，可以看到原本连续的光谱上出现了黑色的条纹，即所谓的吸收线。

在行星经过HD209458的时候，行星的大气层也会吸收一部分光线，形成吸收光谱。科学家借助哈勃太空望远镜的成像光谱仪拍摄了这颗行星凌日的光谱照片。2001年11月25日，美国宇航局的科学家公布了他们的研究结果：这一光谱照片揭示了环绕HD209458运行的行星的大气化学成分。这颗行星的大气中含有大量的钠元素，但是要比科学家预计的少（早些时候科学家已经确定这颗行星类似木星，表面相当热），这可能是这颗行星大气高层的云挡住部分光线导致的误差。

或许有点儿让人失望，这颗行星并不适宜生存，它的表面温度高达1 000摄氏度，但是这种探测遥远行星大气的方法非常有用。科学家认为，找到类似地球这样的行星并不是非常困难的。借助这项技术，科学家就有可能分析行星的大气化学成分，从而推断那里是否存在生命。

迄今为止，地球是我们已知的唯一拥有生命的星球。然而，由于这项技术，我们也许很快就能知道地球以外的生命在哪里。

后记

本书在编著过程中参考和引用了大量材料，许多理论也是在前人的基础上提出的，在此谨向快速阅读的研究专家和读者表示衷心的感谢。由于部分材料的来源渠道不详，未能一一标明出处，望能谅解，若有任何问题，请与作者联系。

由于时间及经验的关系，书中内容难免有缺陷，读者及同人若有疑义，欢迎指正！

若此书能有幸能对学习者有所帮助，则是笔者的一大荣幸！